犹大启示录

尹赛亚 著

加拿大国际出版社

Canada International Press

书名：犹大启示录
作者：尹赛亚
出版：加拿大国际出版社 www.intlpressca.com
Email: service@intlpressca.com
2024 年 3 月加拿大第一版
2024 年 3 月第一次印刷
印刷版国际书号 ISBN：978-1-990872-84-6

电子版国际书号 ISBN：978-1-990872-85-3

Title: Apocalypse of Judas

Author: Saiya Yin

Publisher: Canada International Press

www.intlpressca.com

Email: service@intlpressca.com

First Edition in Canada, Mar 2024

First Printing, Mar 2024

Printed Edition ISBN: 978-1-990872-84-6

E-Book ISBN: 978-1-990872-85-3

前言

犹大，圣经中最重要的负面人物，是耶稣的门徒，背叛耶稣之人，最后被魔鬼牵引走上自杀的路。犹大是耶稣的十二个门徒之一，他的全名是犹大·伊斯加略，意思是"犹大，加略人"。犹大似乎是一个为了钱而出卖耶稣的人。但是，这样的解释并不完全合理，也不符合历史背景和人物心理。有几个问题值得思考：

为什么犹大要跟随耶稣三年半，而不是早点出卖他，或者干脆不跟随他？

为什么犹大要以三十块银币出卖耶稣，而不是要求更高的价格？

为什么犹大在出卖耶稣后，感到后悔，把钱丢回祭司，然后上吊自杀？

而代表犹大历史文化的犹太民族的起源，可以追溯到亚伯拉罕时代，他是犹太教、基督教和伊斯兰教的共同祖先，被称为"信仰之父"。亚伯拉罕的后裔经历了埃及的奴役、摩西的领导、迦南的征服、士师的统治、王国的建立、分裂和灭亡、被掳和归回、波斯、希腊、罗马的统治、圣殿的毁灭、散居和迫害等历史事件，形成了独特的民族文化。

我曾经很痴迷于西方圣经，以及以色列文化历史和犹大，所以我把希伯来人的流浪及建国史和浮士德的世界观相结合，引申出魔鬼的感性地狱和上帝的理性天堂，以及基督耶稣，凯撒，伊斯兰萨拉丁之下的耶路撒冷价值观，同时催生最终目的神灵的出处和"人"这一个体最终出路。撰写了一个不一样的历史人物——犹大，以及弥赛亚的新生。我只按照我内心深处的人性思想理解，解读宗教信仰。今天我们对任何宗教信仰历史人物的诠释，都无法撼动其在历史进程中他的独特信仰之名的地位。无论是好，还是坏。因为人无法撼动神，更因为人也不配诠释神。

我只是完成了一部新的宗教信仰诗歌《犹大启示录》，只是留待未来更早起的人们，可以进行思考，进一步擦亮他尘灰的脸孔。

作者简介

尹赛亚，中国，喜欢思索，思考"人—主体在世界的意义"，妄图改变世界，建筑自己的大厦。年过四旬，幼稚，不成熟，思想简单，喜欢自由的水流。曾用名尹尚玥，著有《神曲——最后的审判之路》，《黎明、白昼与黄昏》等作品。

目　录

第一章　　回忆

....

我躺在这罪田，血泪盈眶，

身子扑倒，肚腹崩裂，

肠子流了出来，一地干涸的血，

身边有散落的"三十枚"银币，

头顶的树杈，挂着死神的绳索，

张着死灵的诅咒，我躺在这罪田。

"神啊！，我将背负这一切"，

"神啊！，我将成全这一切"，

我是那么极其的悲伤，

我的灵魂不知可以在那里安放，

我注定是那可恶的"十三者"。

"神啊！我的灵魂将归于何处？"

在这天际之间，我又该如何自处？

谁又能指引我的方向？

我，加略人，犹大，

因出卖基督被悔恨充满，
而吊死在罪田。

一阵微风吹过，寒鸦颤栗，
我的灵魂飘飘荡荡，
我俯身张望树杈下自己碎裂的身体，
被虫噬鼠咬。
啊！在这田地风往南刮，
又向北转，不住地旋转，
日头出来，日头落下，
急归所出之地。
我嘴里咕哝着，"故乡、故乡，
你为何远离我而去"，
我愿追寻你去那过往，
只求你不在远离于我，
故乡，故乡。
我只感觉时间的旋转，
愈来愈远，风也愈来愈快！
· · · · · · · · · · · · · ·
夜里有成团的水汽就聚集起来，
空气中有硫磺刺鼻的味道。

我蜷缩在方舟亲眼看见，

透过悬窗孔洞看到远处的景象，

那诺亚抬头凝视天空，

有密集的雨点和火球坠落下来，

其恐怖程度简直无法形容……

第一天南风以可怕的速度刮着，

那雨越下越大。

"这一天，巨大的深渊之源全部冲决，

天窗大开，

大雨 40 天 40 夜浇注到大地上，

此事发生在 2 月 17 日。

大洪水中那人漂流了 40 天以后，

搁浅在高山上。

为了探知大洪水是否退去，

诺亚连续放了三次鸽子，

等第三次鸽子衔回橄榄枝，

诺亚紧握枝叶，嘴里喃喃自语说着：

故乡，故乡。

我望着，也是热泪盈眶，

灵魂颤栗。

大洪水以后，

新世界大地的始祖诞下三个孩子，

分别是闪、含、雅弗，

闪游走在阿拉伯地区，

成为闪米特人，

最终成为游牧部落的创始；

含成就为苏美尔文明；

雅弗成就为雅利安人的创始。

闪的后裔亚伯拉罕，

出生在幼发拉底河附近，

受神的启示亚伯拉罕来到迦南，

并与神订立亚伯拉罕之约，

以割礼为证，作为神与人的契约。

亚伯拉罕在九十九岁的时候，

神赐给他以撒作为他的后裔，

同时为验证亚伯拉罕的忠诚，

命令其杀子验忠。

以撒的两个孩子，为以扫和雅各，

后雅各受神启示，用红豆汤获取长子名分，

作为次子受福，同时被长子以扫嫌弃，

雅各勇武过人，并与神进行摔跤，

不分胜负，神赐给雅各新的名号，

为斗神者，又名以色列，

以色列承诺后人不吃动物大腿的筋。

雅各后裔昌盛，

诞生下十二个儿子，

并成为以色列的十二支派。

雅各其中有三子，成就非凡出名，

其中有四子犹大，十一子约瑟，十二子便雅悯。

约瑟运用解梦在埃及坐上了宰相，

依靠神启七年大顺，七年大灾，

聚拢了散落的支派后人，

保住了犹太苗裔，

约瑟生前念念不忘的，

还是自己的故乡"迦南，迦南"。

后埃及拉神所佑护的王朝，

随着王朝内部权力更替，陷入纷乱，

希伯来人一夜之间，被排挤迫害。

希伯来人在埃及所受的虐待蒙神垂听，

神兴起了先知摩西，

摩西和亚伦面见法老，

请求让希伯来人离开埃及，

法老并不应允，

后神降下十灾让法老屈服，

在击杀长子之灾后，

埃及法老只能应允希伯来人离开埃及。

在红海的岸边，

摩西遭遇到背信弃义的埃及追兵，

依靠神启分开红海，将追兵淹死在大海。

为庆祝逃出生天，这一天为逾越节，

摩西与众人约定，制下摩西十诫：

不可以拜别的神，

不能雕石像，

不能妄称上帝之名，

要纪念安息日，

要孝敬父母，

不可杀人，

不可奸淫，

不可偷盗，

不能做假证，

不能贪图别人的财产和女人。

众人誓约追随，

至此人群继续前行，

摩西最终没有走至迦南，

他的传承者约书亚，

至四十余年，才至迦南应许之地。

摩西，希伯来人先知，以色列人之父，

迦南，迦南，故乡，故乡，

我想摩西一定在天上看着我们和这块土地。

我们以为这块土地，将一直佑护我们，

但没有多久海上民族腓力斯丁人开始攻城略地，

于是当初雅各的十二个儿子，十二个支派后裔，

开始统一集结，

我们支持扫罗为我们的领袖，

并有会弹琴，驱赶恶魔的先知大卫，领导我们，

很快腓力斯人被我们击败，

大卫王带领我们建立了圣城耶路撒冷，

希伯来人的荣誉之城。

我看到每个人眼神中都充满希翼的光，

啊！我们的城，我们的光，我们的家乡。

大卫王之后，我们的新王所罗门，

因晚年私欲奢靡享乐，拜祭邪神，

辜负了上帝对他的宠爱与恩赐，

违背了上帝的律法。

有一日上帝对所罗门神启：

所罗门我曾许诺让你与你的后人永远的做以色列之王，

而你也曾许诺永远只信奉于我，遵守戒律。

但如今你违背了自己的诺言，

因此我也将收回赐予你的土地。

但看在你父亲大卫王的情分上，

我将留下一小部分的国土给你的后人掌管，

以色列的十二部族之中，

我会让十个部族背叛于你。

同时，在你死后，

我将会在这十个部族之中选择新的领袖，

继承以色列的王位。”

所以所罗门之后他的儿子罗波安继位，

因为税赋的原因，

北方十派联合建立以色列国，

定都撒玛利亚，

而南方两派建立犹太王国，

定都耶路撒冷，

啊！遗失的以色列十派，

我的故乡再一次分裂。

后来的后来啊！

厄运再一次扑面而来，

我们的国，我们的家乡，

被新巴比伦侵占，

烈日、鲜血、死亡、寂静、黑夜，

我们再一次成为"巴比伦之囚"，

神啊！为什么你要一次次抛弃我们？

让你的子民陷入无穷无尽的黑暗和绝望。

后来的后来，

毁人者，人恒毁之，

波斯之王终结了巴比伦帝国，

巴比伦的空中花园，也毁于一旦，

那花枝一朵一朵染着血，凋谢，

随之我们的信仰和家园，也破败不堪。

我们啊！我们，需要沿着摩西的道路，

需重回耶路撒冷，我们的家乡。

神啊！请给我们启示，

给我们新的引路人和先知，

这时巴比伦的犹太教大祭司以斯拉，

带领我们，重申了摩西十诫，

成功的振兴了耶路撒冷，

我们的光又回来了，

我们的家乡啊！

希伯来人欣喜莫名。

随着历史的变迁，

征服世界的雄主此起彼伏，

一代雄主亚历山大席卷波斯，

其后的托勒密王国又统治了这一切，

而塞琉古又打赢了托勒密，

控制了耶路撒冷，

一代过去，一代又来，

城却永远长存。

为了故乡，我们没有屈服，

我们在马卡比的带领下，

振兴了信仰，复兴了耶路撒冷的神殿，

那一日是我们的"净殿节"。

当我们认为自己寻找到神殿的光，

可是无情的命运，再次把我们带至深渊，

因为罗马来了，罗马来了，

那吮吸罗马之狼乳汁的铁骑，

又奔腾而来。

我们啊！我们，反复的站起，

又反复的被打倒！

马萨达战争成了我们最后的精神信念火苗，

我们在黑夜中举着灯，照着自己的殿。

从公元 70 年到公元 135 年，

耶路撒冷被彻底摧毁后，

我们开始了大流亡，从此亡命世界。

再后来的后来，

我们被雅利安种族屠杀，

我们的信仰坠地，我们的殿破败，

我们的家乡不复存在。

那遥远的光，

你什么时候引领我们，

回归我们的家乡？

我悲伤的想，悲哀的哭，

故乡，故乡。

已过的世代，无人记念；

将来的世代，后来的人也不记念。

为记念，我将希伯来人的这一生，

抒写在 1947 年的死海附近的库姆兰的一个洞穴内，

后来被一个少年牧羊人打破了洞穴里的瓦罐，

发现这些死海古卷。

这些希伯来手稿阐述了，

希伯来人被流放的历史是神启一再告诫的主题：

每当希伯来人背离上帝的诫命，

就会惹怒上帝，

被一次又一次地从其精神故乡驱赶出去，

无家可归。

好像希伯来人命中如此，

我们只是神明笔下咎由自取的败笔。

我也是无可奈何，

只是我在死海古卷的最后一页，

看到神迹文字的出现，

我发誓这最后一页的文字非我所描述，

那上面显现着：弥赛亚将拯救这一切，

所有希伯来人的命运，

将由此改变。

··················.

第二章　　地狱

我躺在这罪田，虫噬鼠咬，

这时，我听到地底的深处，

有狰狞恐怖的声音唤我，

那加略人，还不归来，

归来、归来。。。。。。

瞬间我的灵魂来到一个笼罩着浓雾的完全不同的世界，

在这雾气之中有声音催促我前行，

彬彬有礼的举止风度，

让那声音的邀情显的使人愉悦。

啊啊！死亡真美，

我不自觉的想着。

当我回望那罪田和我的身体，

那个雾气笼罩之地愈发变的使人毛骨悚然。

黑暗之中那声音的主人也变得狰狞起来，

他们变的暴力，

推搡着我往前行进，

并开始用牙齿撕咬我，吃我的血肉。

我惊恐的退缩躲避，努力抵挡邪恶的攻击者，

脑海中有一个恐怖的声音，告诉我：

我即将到达承受酷刑和永久诅咒之地——地狱。

这时我感觉灵魂离体，在黑暗中飘来荡去，

感觉自己即将跨入另一个维度空间，

我的直觉告诉我：这里绝不是好人应该待的地方。

在这个维度空间我看到人类的灵魂在各种境地挣扎求生，

颓废的人们疯狂的抽打自己，毫无节制。

当我愈往前行，场景变得愈加可怕，

在一片荒地上，有愤怒的巨人彼此撕打，

比噬咬和猛踢更加诡异的是，

人们狂热的虐待对方，

但却彼此面带笑容和满足。

我已确认，这里就是地狱，

因为这里充满了恐怖与不详。

当离地狱之门愈近，我就愈感觉炙热，

热到什么程度呢？

我站在门前，都感觉皮肤像着了火。

透过炙热的微光，

我看到地狱之门上刻着一句话：

凡进入此门者，当放弃一切希望和理性，

物质、感性统治这里无间之门，

之至混沌造物大神降临。

地狱酷热的原因，

我发觉是因为很多的人类，

被赤身、有尾，双角、四翅的恶魔铲入火狱，

烈火汹汹，

伴随着惨烈非人的叫声，

这里就是一个孤绝死亡之地，

令人惊恐，毫无希望。

我正在惊恐万状，

不知该何去何从之际，

这时头顶有威严愤怒的声音咆哮：

远来的灵魂，欢迎来到恶魔的"天堂"，

——九十九离天，地狱之所，

这里应有尽有，一应俱全，

无论是吃、喝、出卖灵魂，以及赌博，

我都会满足每一个进入此门灵魂的愿望。

我，地狱之门的魔王，

地狱堕落之王，憎恨天使，

"不爱光""不爱浮士德的人，
欢迎每一个进入魔鬼天堂的灵魂。
说着有黑漆如山，赤红之瞳的魔鬼，
梅菲斯特，悚然而立。
我曾经和浮士德设立五个赌局，
即浮士德所经历的知识的悲剧、
爱情的悲剧、政治的悲剧、
美丽的悲剧和事业的悲剧，
而浮士德则用自己的灵魂和我对赌，
结果是他输了四个，
而仅存的事业赌局，
我正在静静的等待他完成结果，
反正我有大把的时间等待。
不知远来的加略人灵魂，
犹大，我的老朋友，
你的赌注又是什么？

那无间地狱的主人，
我加略人，犹大，
此前半生曾经跟神，
一同饮食、一同祈祷，

睡卧一体，精神、灵魂曾经相随，

承受过神恩，接收过神启。

我后半生背弃神，

背叛神，离间神，出卖神，

杜绝神的一切恩遇，

离弃神的一切雨露。

我一生大起大落，

曾无限接近天堂，

现也无限坠落地狱。

现如今，我赤身露体，

我的口袋空空如也，

在凡世我也只有三十枚银币的身家，

现只此破损灵魂一具，

如何敢与魔王对赌。

犹大说。

那魔王梅菲斯特大笑说，

那加略人犹大，

你没有高估自己的境遇，

但低估了自己的身价，

你可知你在凡世的身价，

并不是三十枚银币，

而是二十九枚，

只因为其中有一枚银币，并未染血。

而抛开凡世身家不言，

那枚未染血的银币，

是你以后跨入天堂的钥匙，

你并非一无所有，

最起码你还有仅存的希望和理性。

所以加略人犹大，

用你剩余的希望和理性和我对赌吧！

须知我的门，

不能让任何希望和理性通过。

不知这地狱之门，

人失去希望和理性，

境遇结局又会如何？

加略人犹大想。

似乎看透了犹大想法，

魔王梅菲斯特，挥手间，

在加略人犹大面前出现一个奇异的空间区域，

那里就像个空场，

迷失的灵魂在里面走来走去。

他们看似可以自由沟通，自由自在，

但似乎，苦难已经耗尽所有人的精力，

没有人愿意与周围的人交流，

所有的人都失去了欲望与感情，

沉默、理性的让人惧怕，疯狂，

似乎所有的人都成为了一个永恒无望的孤岛。

还有一众可怜的恶鬼，

身体像烧焦的柱子，

肚子大如骷髅，喉咙细如绣花针，

口中喷出火焰，自己烧伤了脸，

无论什么东西到嘴边都会融化成铁水，

饥渴难耐，整日哀嚎，四处寻找食物。

虽然所有的人在凡间所经历的故事各不相同，

但所有的人都有一个共同之处：

那就是，被送到地狱的灵魂，

要在这里永远受刑、承受痛苦，

而这些痛苦和不幸都是自己生前造孽的结果，

没有任何一人的惩罚待遇是不公平的。

"这是地狱么?

可是，为什么在这里我仍然留恋生命呢?

这是人间么?

可是，为什么在这里有那么多行如怪异的人形?

加略人，犹大，自言自语的说着

那魔王梅菲斯特说:

"这里既不是地狱,

也不是人间。

这里是人间的地狱!

这是一群在安全的时候最勇敢,

在危险的时候最怕死;

在弱者面前是强者,

在强者面前是奴仆;

在善良面前非常凶狠,

在罪恶面前却是惊人的沉默的非人物种。

他们互相倾轧，互相伤害,

你裹着我，我拖着你,

密密麻麻，密不透风,

人人却心满意足的死在一起，不分彼此。

当地狱大门敞开时,

这群无助无望的灵魂将被火域完全接纳，

承受永生永世的痛苦，

并且会生生世世迷失在这个人间地狱之门。

说着梅菲斯特抛来一堆花花绿绿的扑克牌，

这是我经常与上帝对赌的筹码赌具，

共有 54 张，其中 52 张是正牌，

表示一年共有 52 个星期；

两张副牌，大王代表太阳，小王代表月亮，

红桃、方块、梅花、黑桃，

代表一年四季春夏秋冬。

扑克牌上共有 4 种花色，

四色 12 张，表示一年中有 12 个月。

另外，黑桃 k 里的头像代表《圣经》里的大卫；

方块 k 的头像代表古罗马的凯撒大帝；

红桃 k 里的头像代表法国查理大帝；

梅花 k 里的头像代表亚历山大大帝，

黑桃 q 里的头像代表希腊女神雅典娜；

方块 q 里的头像代表《圣经》里的拉法；

红桃 q 里的头像代表巴伐利亚的米蒂丝；

梅花 q 里的头像代表《圣经》里的抹大拉的玛丽亚。

黑桃 j 里的头像代表骑士奥芝；

方块 j 里的头像代表"圣女"贞德；

红桃 j 里的头像代表武士克陀；

梅花 j 里的头像代表年轻的连斯洛勋。

黑桃象征着和平、军人；

方块象征着财富；

梅花表示幸福；

红桃表示智慧、爱情。

嗨，伙计，我喜欢这种游戏，

更喜欢这些花色，

它让我精神愉悦，感性澎湃，

难道不是吗？

可是，那九十九离天地狱无间魔王，

我这里只有"二十九枚"银币，

剩余的一枚无论如何，

我都找不到了。

可能已经遗失，丢弃了，

说着翻开破烂衣衫的布兜，

赫然在兜底出现一个破洞。

加略人犹大说

你那一枚唯一未沾染鲜血的银币，

可能被你遗落凡世，

也可能被你丢弃地狱的火域。

你在凡世那日曾经做过一件甚合我意的事情，

公元 33 年 4 月 3 号满月日那天，

你曾经送一个人的灵魂至无间地狱深渊三日，

并改变了某些事物的发展，

让某一灵体感染物质，

让理性沾染一丝感性，

并引发了世界审判之路的运转。

所以，我们的对赌，

可以暂时停止。

那魔王梅菲斯特说

那无间地狱之大魔王创造者，

我想请问地狱之门的创建及管理者到底是谁？

各神魔到底负责引领什么？

你与大魔王路西法究竟是什么关系？

加略人，犹大说

加略人，犹大，

众所周知，大魔神路西法之下地狱之门有十二魔神，

他们分别守护或主导不同的魔域：

路西法：地狱的皇帝和统管一切的恶魔；

利维坦：地狱王子，异端和嫉妒的恶魔；

别西卜：虚假神之恶魔，苍蝇之王；

阿斯莫德厄斯：恶魔之王，欲望与邪恶之魔；

阿德拉姆勒克：火之王，恶魔元老院的王座恶魔；

巴尔贝里斯：地狱的首席秘书和亵渎神明的恶魔；

阿斯塔罗斯：挥舞蛇的权杖，引诱人类懒惰，

在"爱、欲望和保护"领域主导恶魔；

格雷希尔：不洁净的恶魔，喜欢诱人犯下懒惰之罪，

传播不洁和污秽的权力恶魔；

奥利维尔：大天使王子和残忍恶魔；

卢瓦特：天使王子和玛德琳修女的拥有者恶魔；

威里尔：公国王子和不服从的恶魔；

贝希摩斯巨兽：地狱的守夜人，

魔鬼的斟酒者"暴饮暴食过度纵欲恶魔。

还有一魔，无名无姓，性情无定，

沉眠无止，日昼颠倒，

游走天堂地狱之间，为十三迷魔。

此无名之魔，

只有大魔王与天堂至高者知悉。

你是谁？

加略人，犹大平静的问

至于我是谁？

吾不愿受制于神，

不愿被神的律法所束缚，

吾追求的是自我实现，

是打破束缚，追寻真我的道路。

吾找到了一种新的信仰，

那就是自己。

即使失去了神的地位，

他仍然可以是自己的主宰。

我乃是神明曾经最偏爱的天使长，

拥有着众人都羡慕的高贵身份和权力。

因骄傲而拒绝向人子参拜，

从而带领了一部分天使堕落到地狱，

成为魔界六翼双翅的光之子，

众魔尊称我为撒旦之王——

路西法之主。

而路西法大魔王即是我，

我即是路西法大魔王十三人格、物格的一格，

魔王梅菲斯特说

那无间地狱之大魔王创造者，

我想请问，刚刚我看到地狱之门上铭刻着：

犯进入门者，需杜绝一切理性和希望。

这是何解，

为何地狱之门不承载任何理性及希望？

加略人犹大问

地狱与天堂之别，究其根源，

非理性与感性之别，

非希望与绝望之分，

非上帝与撒旦之差。

这里隐藏了一个恶魔的远古之谜，

一个超脱天堂地狱的永恒秘密，

世界的本来面目和人子的由来及宇宙的秘密，

仅数其中。

我，大魔王梅菲斯特，

可以告知你一切缘由，

你，加略人，犹大，

将是知晓此秘密凡世第一人。

刚刚我说的恶魔巴尔贝里斯：

他掌管死亡与知识的权柄，

喜欢在人后耳边低语，

告诉他们去夺走别人的生命。

巴尔贝里斯同时也喜欢亵渎神灵，

是一众恶魔中最博学的智者。

地狱中拥有多个头衔：

外交大臣、首席秘书和地狱档案的保管者。

他是第一等级的恶魔，

也是堕落天使的王子。

巴尔贝里斯曾是迦南的契约之主，

在未堕落前，

乃是上帝身边的智天使，

是行走的图书馆；

即便是在堕落后，

他依旧保留着智天使的权柄，

学习一切能得到的知识，

还可以预见未来、过去和现在，

是他建立了地狱最隐秘的档案记述。

巴尔贝里斯曾在他最隐秘档案中，

记述了路西法大魔王的"魔鬼五问"。

让我们深入探讨一个充满挑战性的问题：

第一问：我们和他们都是来自何方？

神创论的概念源自于圣经中的《创世纪》，

这个古老的传说一直在引导着人类以及我们对于自身存

在的考虑。

然而，当我们谈论这个问题的时候，你想过吗？

神是如何创造了人类及我们？

魔王梅菲斯特说。

在圣经中，记载着神是按照自己的形象创造了两个人，

一个名叫亚当，另一个名叫夏娃。

这个神话故事已经被大众所知流传。

那么神在创造这个世界以及众人子之前，

又做了什么？

神有百面形态，

那么神按照自己的什么形态模样创造了人子，

既然神是按照自己的形象创造了人，

那么第二问：神的"神面"到底是什么形态？

是灵体形态？还是物质形态？

或者是灵体兼容物质的形态？

虽然我们无法知道神的真实形象，

但是如果我们照照镜子，

是否就可以看到"神面"？

因为圣经说神是按照自己的样子，

创造了我们，

我们的样子和神是一样的，

那么这样认为是否正确？

神是否和我们的脸孔一致？

如果你是神，你为什么要创造亚当和夏娃呢？

按照圣经的记载，神创造了这两个人，

是为了管理他的伊甸园，

那么第三问：伊甸园中是否有神需要保存的秘密？

而且我一直觉得奇怪，

人类为什么对蛇有种近似刻在基因里的恐惧和害怕，

是不是因为潜意识里知道，

这个动物会给自己带来不幸——失去永生。

那么蛇是谁创造的，

为何它竟然知道只有神才知晓的真相，

且又把这真相告知了亚当夏娃。

神的花园里怎么会出现蛇呢？

按说神是无所不知的，

怎么会出现欲蛇引诱人子吃下果实的事呢？

冥冥之中神是否有意主导了这一切的发生？

神是否在前期刻意追求对世界和人子的绝对控制力？

以及后期对人子的全面"解放"，

或者这种"解放"，我们也可以认可为，

抛弃或者惩罚。

伊甸园的中心有两棵大树，

一棵是生命之树，

另一棵是智慧之树。

这两棵树是伊甸园里最重要的节点，

而智慧之树的果实是禁止食用的，

神特别嘱咐亚当夏娃说，

伊甸园中的所有植物果实都可以吃，

唯独智慧之树上的果实是不能吃的。

众所周知，亚当和夏娃被欲蛇诱惑，

偷吃了智慧之树上的果实，

获得了与神相似的智慧！

智慧是让人们意识到自己的存在和羞耻，

并且拥有了自主行动的能力。

那么神为什么要控制，禁锢人子，

神是否担心亚当和夏娃吃掉生命之树上的果实得到智慧

（永生）后，

威胁到神的存在，

是否正是因为人类正在进行一场对智慧的探索，

于是才被赶出了伊甸园？

这段描述是如此的奇怪，

我想即使五岁的小孩子也能感受到一丝的不寻常，

会问："为什么？

为什么拥有智慧就要被赶出去？"

这段描述告诉我们，

获得智慧是一件非常危险的事情，

它可以让我们看到生命的本质，

那么生命的本质是什么？

为什么神会感到担忧呢？

第四问：神在探索自己的起源，

但是神是否惧怕我们在拥有智慧后探索到神的起源，

或探索到生命的本质？

人类是神微尘之下的亚当夏娃，

其实我们也是类似的"亚当夏娃"，

只不过所包涵的物质底蕴不同而已。

这引发了一个假设，

如果我们及人类本身就是某种"亚当夏娃"的话，

而我们的创造者可能是比我们高无数级的存在。

因为我们的"本我"在宇宙之中本身就一直都在，

神只是"糅合"了我们，

而不是真正的"创造"，

我们身体的"分子、粒子、质子"，

以及感性、理性，

到底经过那个"更高无数级"的创造者，

创造了我们？

但是，当我们及人类产生了智慧时，

我们被永远地隔离了。

不同之处人类被隔离大地，

而我们被隔离地狱，

当然他们被隔离天堂。

而了解事件本源的神或者魔鬼，

根据"史实"记录了整个过程——《圣经》。

现在你换种方式看待圣经中的记述，

你会发现它不再是一个神话故事，

而是一个探索人类及我们和他们起源和智慧的启示书。

我想要强调的是，

神当初将人类赶出伊甸园的前提是不希望人子吃智慧之树的果实，

而引起自我意识思索。

因为如果我们和人类获得了智慧，

那我们就与神一样不可控制。

神是否为了防止我们超越自己成为造物主般的存在，

而限制我们和人类的智慧。

如果换位思考一下，

人类是被创造的，

而如果我们有能力创造出超越"我们"的生物时（即第二个亚当夏娃），

有一天它们同样也获得了智慧，

当我们没有造物主一样有能力控制他们的智慧时，

我们应该怎么做？

第五问：

我们是否也会像神一样驱逐它们一样，

去驱逐我们所创造的"第二人子"？

为什么要创造？

创造出来是不是就意味着等待驱逐或者接受毁灭？

魔王梅菲斯特说

以上魔鬼五问，

是大魔王路西法与天堂至高者之子对决战斗的间隙，

所思索的问题，

被魔鬼巴尔贝里斯记述在魔鬼档案中，

并被路西法所封印，

任何人都不得深思，

只能十二魔神知晓。

当所有的战争结束失败后，

大魔王路西法混沌中从天堂坠落大地九个晨昏，

在晨曦与黄昏互相焦灼的零点时刻，

大魔王路西法的脑海里疯狂思索最后一个问题：

上帝之上，是否还有更至高造物者，

是谁创造了上帝？？

上帝的真面目又是如何？？？

如果希望的对立面不是失望，

那么希望的对立面就应该是混沌，

虚无广渺无垠的混沌空间里，

一定隐藏着什么东西和秘密？

我们需要寻找混沌。

找到那个更高层级的那个造物者，

到底是谁创造了上帝？

那个——混沌，造物者到底是谁？？？

但是要想呼唤混沌造物者，

只有大地毁灭、人子沉沦、天际倒悬，

才能带来混沌。

所以魔鬼们的使命，

也正在于此。

其实人类的灭亡只是一个概率问题，

谁会在乎一只蚂蚁的思想呢？

魔王梅菲斯特疯狂感性微笑着说

创宇宙至高之神上帝！请拯救我，

无间地狱之大魔王创造者！请放过我。

那加略人抱着头，大呼着，

真是头痛死了，痛死了，

似乎有无形的带刺冠冕刺痛着头颅。

我一介卑微的凡人，

一个背叛神灵，出卖基督耶稣，

而寻求自杀吊着的罪人，

如何配知晓这些隐秘，

无论这些问题有无答案，

我都不想知道。

请让我坠落地狱的最深之处，

我的罪自有审判，不是吗？

加略人犹大说。

大魔王梅菲斯特，

嘴里发出疯狂的嘶叫，

后背的六翼双翅开始凸现，

魔王梅菲斯特的脸孔开始飞速变幻，

大魔王路西法的身体里有十三个人格、

十三个物格，

进行不同形态的幻化，

有巨大的有翅膀的昆虫形象，

有三头——人、公羊和公牛头的形象，

有马头，人身，孔雀的形象，

有肿胀的肚子，用后腿行走的大象形象，

有雄壮赤裸的男性形象

有阴柔甜美的女性形象。

随着最后形象幻化的定格，

最后成为无名魔犹大的脸孔。

"老伙计，我亲爱的老伙计，

这个世界神魔并不可怕，

最可怕的最可怕的是时间，

因为时间空洞可以吞噬一切，

也能带走一切，

所有不朽的记忆，

都会随着时间空洞的侵蚀而烟消云散。

最终混沌会统治一切，

黑暗、寂寞、空虚会亘古不变。"

魔王路西法像一个亘古长存的审判者，

对着加略人犹大发出裁决之书和预言，

犹大脸孔狰狞，昏了过去。

那魔鬼梅菲斯特，

伸出双手，捧着犹大昏迷不醒的头颅，

在加略人犹大的耳边，

轻轻的低语，轻轻的低语，

随之大魔王梅菲斯特狞笑的声音充满了整个地狱。

老伙计，你离开这片魔域太久了，

游历一番吧！回味一下吧！

你的地狱门票我可是一直给你保存，

魔王梅菲斯特温文儒雅的说，

说着地狱变得一片赤红和漆黑。

这时恍恍惚惚我隐约感知到我的灵魂，

又游离出了我的身体，

周围一切暗了下来，

整个地狱被浓浓的烟雾包裹着，

不知过了多久，

我的灵魂来到了一个宛如黑洞的地方，

发现自己的手和腿被铐住，

身体高悬在裂着大缝的类似火山岩的大坑之上，

坑里流着岩浆样的东西，

空虚与恐惧占满了我的内心。

向下看去，

可以隐约地辨认出来来往往、出出进进的人形。

更令我害怕的是，

在冒着黑烟的滚烫坑顶上，

我感到极其孤立无援。

仿佛可以侧耳听到遭受酷刑的尖叫声，

但奇怪的是并没有看到其它人。

每隔一段时间，

一群恶魔和生物就会来"拜访"我，

并从我的骨头上撕肉吃。

而骨头上又会立即长出肉，

供这些恶魔大啖，

这是一种无休无止的折磨。

我感觉在一个滚烫泥泞的地底苦苦挣扎着，

周围全是泥泞的黏液，

整个地狱好像都是单调又机械的击打声音，

我感觉身边有很多又黑又细的根，

在身体里苦苦挣扎着，又刺又痛。

我大声呼喊，"仁慈的上帝啊，救救我吧"，

我听见了巨大的咆哮声还有时不时发出的笑声，

眼前似乎出现了魔鬼梅菲斯特的身影。

整个世界是那么的陌生和诡异，

我只有不停地祷告。

幸运的是，

我又看到附近的墙上伸出一只巨手，

帮我解脱了锁链，

并将我带出了永远痛苦的境地。

在从昏迷中苏醒之前，

我隐隐约约听到的最后一句话是：

"加略人犹大，你的时辰还未到。

我是永在否定的精灵！

一切事物只要它生成，

理所当然就都要毁灭，

我会在这里等着你回来，

以及我们的老朋友浮士德的归来，

你是我们的一员，

第十三只魔鬼。

黑暗之中魔王梅菲斯特大笑着说

那黑暗之中，昏迷之中的加略人犹大，

嘴里含糊不清发出模糊的呓语，

咕哝着什么？

然后加略人，犹大就昏了过去。

这时忽然从远处抛来一枚金光闪闪的银币，

伴随着银币的余光，出现了一束光，

就像是黑漆的布料被撕裂开一样展露开来。

于是灵魂飘荡，

我又顺着光离开了这黑暗，

来到了一个美丽的翠绿山谷中。

这里天空蔚蓝，湖水碧绿，

远处还有空灵的唱歌声，

我感觉无比的舒适，无比的惬意，

空气中充满了神圣的爱意。

当我往上看去，

看到在云彩之上是一片光明之地，

那里有着一道金碧辉煌的大门，

门口的讲台处，

有着胡须像身上长袍一样洁白的圣彼得，

正手持一本天书等候着众人。

当我被风推进来的时候，

我完全被圣光吞没了，

我耳边清晰的听到疾风的声音。

天堂的门透着一束明亮、温暖、热情的光，

吸引人们走向它的感觉。

这里绿草如茵，充满温暖明亮的光线，

一切都是那么美丽非凡。

啊啊！天堂真美，

这时我想着。

看到这一切，

我浑身漆黑，

无力的叩响天堂的大门。

第三章　　天堂

当当当当，

天堂的大门，在早上被叩响，

掌管天堂大门的天使拉贵尔，

被声音惊醒，寻声而望，

在天堂的台阶处有点滴的血光，

在血迹斑斑凝结处，

有瘫软一团，漆黑通体的物体，

形如黑夜里的鬼，

是谁在叩响天堂的大门？

用仅剩的白皙的拇指，

无力的捶打。

众天使都不解这黑夜的鬼，

如何会来至这天堂之所，

似乎这鬼应该更符合地狱的住所，

而不应该是这天堂。

众天使都询问至高神圣子基督，

问这黑夜之鬼的出处。

耶稣凝望许久说，

这鬼具有我所恨恶的七样：

就是高傲的眼，

撒谎的舌，

流无辜人血的手，

图谋恶计的心，

飞跑行恶的脚，

吐谎言的假见证，

并弟兄中布散纷争的行迹。

但既然他来至天堂，

我们还是要唤他一唤、救他一救，

等他醒来，

洗净他面孔的漆黑，

我们在细究他的出身来历。

耶稣说着，仔细看着那鬼的脸，

嘴角露出温和的笑容说，

我已知道他是谁了。

这鬼虽然有我憎恶的七样，

但是也有我敬服的一样，

他有"成全"别人之意。

啊！我父，

复活在我，生命也在我，

曾经跟随我的人，虽然死了，

也必然复活。

耶稣亲吻那鬼的额头说，

"凡活着信我的人，必永远不死"。

我已辨认不清，

这里是什么地方，

只感觉意识昏沉。

在迷迷糊糊中，

有风铃叮叮当当的声音。

在那响彻云霄的天籁之音中，

我的意识和灵魂，

追随着摩西的脚印，

以及他的后裔雅各十二支派，

在耶路撒冷此起彼伏。

故乡，太过于痛苦和执着地方，

但赤着流血的脚印，

希伯来人还是奋力前行。

又是那个漆黑的夜，

我穿上那件灿若太阳的黄色袍子，

惦着脚尖，努力环绕圣子的脖颈，

耶稣用灿若繁星的目光凝视着我。

主啊！我将失去一切，

主啊！我将拥有一切，

主，感谢你的引领，你的光。

我发出响亮的亲吻声音，

后面明亮的光线将一切淹没。

那光线愈来愈亮，

我睁开了双眼。

在长长的走廊两边，

悬挂着一幅幅图像，

我停下来细细观看：

其中有天使报喜、圣母访亲、

圣子诞生、博士来朝、

希律杀婴、幼年耶稣、

施洗约翰、受试探与初传道、

宝训神迹与比喻、进入耶路撒冷、

逮捕受刑、受难与复活。

比较突出的一副是逮捕受刑，

画中，耶稣相对高大、从容，

面对即将降临的灾难，

无所畏惧，双目紧闭，

目光冷静、锐利、坦然。

而加略人犹大则较为矮小，

向上做乞求状，

但却有着一副魔鬼般的面孔。

在加略人犹大身后聚集了一队人马，

有手里举着火把、兵器的士兵，

还有祭司长和法利赛人的差役。

加略人犹大直冲向耶稣，

并且与他亲吻，

犹大的脸上则难掩紧张惶恐的神色。

·················

这最后一吻，

不知是否象征着背叛、死亡和口蜜腹剑，

犹大心想。

穿过长长的走廊，

我来至一个宽阔的大厅，

在高高的阶梯顶层坐着一个人，

身裹亚麻布，手握晶莹洁亮圣杯，

神情剔透，深邃，

他的长相与常人无异，

皮肤是深色的，

"洁白如白羊毛，洁白如雪。

他的眼睛像火焰，

火焰像抛光的青铜，

又像在炉子里一样精致。

我师，好久不见，

你也回到了这里？

加略人犹大平静的问

所有的相遇，

并不是为了相遇而相遇，

而是为了感悟、解惑、情感连接。

我一直都在这里等你，

因为天堂——吾父之家，

欢迎你的到来，

加略人犹大，我徒。

我还记得在耶路撒冷，

你的一吻，

指引了罗马人对我的禁锢和受刑。

耶稣说

加略人犹大稍稍倾斜着身子，

不敢面对基督的圣光。

我师，我听说自杀吊死的人，

不得天堂，不被圣光照耀，

所以我现在只有背光而立，与你对话。

犹大说

加略人，犹大，

我父，曾告喻于我，

人，应该自然而生，自然而亡，

无关于其他目的，

无论是凯撒，还是神灵，

更遑论国家，民族，宗教，

这些世俗之尘，

都不得介入人之生命的自然消亡。

人是自己的目的，

而不是其他的目的。

当我垂首俯瞰大地之时，

大地之上人子都以为，

自杀违背了生命自然的客观规律，

背叛了信仰的初衷，

无法再进入原来信仰的净土。

其实，神之喜乐，

在于喜欢、接收、容纳，

那些平安喜乐、安康福足的灵魂。

而那些在世俗遭受累累创伤，

满腹悲痛，满腔哀伤、伤心欲绝的灵魂，

神灵并不喜欢、欣喜。

所以人之一生，

要快乐，要满足，要平安，要喜乐。

人，并非活着，就是对神的信仰，

当你活着，对神的信仰消散，

像行尸，似走肉，

那么你的活其实就是一种模糊的死亡。

当你死去的时候，对神的信仰无限敬仰，

无限憧憬，无限满足和自由，

那么你死去也就是活着。

当然，我并不是立意让人子去自我结束生命，

而如是人子，

带着满足，带着信仰，安乐之死，

我亦喜欢。

生命在汝，不在神，

所以，加略人犹大，

你无须背光而立。

耶稣说

我师，我记得你灵于肉身，降于马槽，

甘为人子受鞭伤，

钉十字架，滴圣血，留宝穴，

只为了将世人从罪与罚拯救出来。

老师，那一日，我在日光之下所做的一切事，

都是捕风，亦是虚空，

啊！那一日，

我睁开眼睛，看到的是一片黑暗，

我张口说话，说出的全是悲伤，

同样的那日之事我也是追悔莫及，

或许万事万物，

总会有不同的结果和命运，

才让我们做出不同的抉择和道路。

犹大说

在那大地，

其实人心贪欲无止境，

魔鬼深渊何人归？

推开灵魂深处的欲望之门，

大地之上很多人为了贪欲，

不惜与魔鬼做交易，成为魔徒。

这一切上帝知晓，

我同样知晓。

那么有罪、无罪，

在永恒的主指引下，

有何意义呢？

我们都是在共同的命运下，

完成自己的使命和任务，

须知我们对已经完成的任何事情，

都不要有任何悔恨和后悔。

耶稣说

我师，有时我会认为，

那一日之事，如果我不参与，

事物的发展不知又会如何？

或许我们会同在天堂，沐浴圣光；

或许我们会继续在耶路撒冷，

吃饼，吃全麦面包，喝葡萄酒。

或许我们会继续在圣地，

传道，感恩，祈祷，

我们亦师亦友亦知己。

那一日罗马对你的罪罚我记忆尤新，

对你的禁锢和受刑，

我现在依然颤栗莫名，

我游历过地狱，

那种刑罚对于地狱有过之而不及，

加略人犹大说，主啊！

我是这个世界的叛徒。

我徒，犹大，

你的出卖是符合我的意愿的。

因为你那一日的"出卖"，

是促成牺牲掉"负载"作为肉身世俗的"我"，

让我的灵体超脱出来，归于天堂。"

你，加略人也必将而超过其他所有的门徒，

高于众人，

虽然你有出卖基督的行为，

但你须记住：你不是叛徒。

因加略人你的"出卖"行为与其说是"背叛"，

不如说是"成全"。

正是你的"出卖"，

我才得以解脱肉身的束缚，

而使灵性的本己进入到天国，来到这里，

耶稣温和的说

犹大又大声说：

"可是，我师，当日我卖了无辜之人的血，

便是有罪了。

我的一生本来可过上蒙上帝褒扬的人生，

假如我在耶路撒冷之前就死去的话，

后世的人就会认为我配列在十二使徒之中，

但那一日的背叛，

我那样背弃神圣委托的人，

注定会在大地留下骂名了。

犹大说

耶稣哀怜地望着犹大说：

加略人犹大，

你与十二使徒，

是我向神祷告而拣选出来追随我的，

你们本来都是一群普通至极的人，

我赋予你们广传神灵福音的能力，

磨炼你们在世俗凡尘的心性，

只为你们那一日在天堂可以高于众人。

其实人生就像一条抛物线，

宿命论是那些缺乏意志力弱者的借口罢了，

幸运的顶点，往往也是厄运的开端！

而你却恰恰相反，或许这是你好运的开始。

当那日我在十字架上，

肉身临脱死亡时：

我正为此时来到世间，

救赎世人的代价，当为如此。

对于“出卖”耶稣后身败名裂的后果，

你是很清楚的，

因为那时我曾一再告诉你：

“你将极其悲伤，

别人将取代你的职分，

以使十二（门徒）重新完整的和他们的神在一起。

"但你将成为那第十三者，

并且你将被别的世代和圣典诅咒，

而你终将回来统治他们"。

在某种意义上，

加略人你是忍辱刚毅的屈辱者。

可是我师，

当你的血一滴一滴渗出来的时候，

当圣父俯下身子凝望你的时候，

你头戴荆棘冠，身裹亚麻衣，

痛苦的在十字架抽搐时。

基督，你忍受地狱般诸般苦痛，

被世人唾弃，

被门徒背叛，

被圣父离弃，

当死神的阴霾笼罩大地之时，

我的灵魂也曾死在那个夜晚。

那时我曾凝望低垂无垠的星空，

面对漫天星辰月辉，

双手合十，泪流满面，

嘴里发出模糊不清的呓语，

那一片星空大地混沌无欲，

沉寂无声。

我徒，犹大，

万物都有定时，凡事都有定期。

信念只有历经磨难，

在苦难中重生，在荣耀中涅槃，

才能成其信仰。

你要知：我不为好人而来，

而单单为罪人而赎。

炼狱，痛苦，挣扎，呐喊，

才是救赎的本质。

如此才能创造光辉，创建光明。

当你知道世界上受苦的不是只有你，

你会减少痛苦，也会在绝望中燃起希望。

神必将记述一切，

无论是我们每次的脚步、脉搏，

还是我们每一次的呼吸，

神终将引导一切，结束一切，记录一切。

基督耶稣娓娓道来

说着，基督耶稣，

用手排开远方的浮云，

在浮云的深处，

展露出一幢类似于柜子的屋子，

那屋子无门亦无窗，

只有一排排书架，

那书页之间隐隐约约闪现着金色光芒。

这天上的书卷都是被神封闭的奥秘，

有关将来必成的事，

有关神启再来的奥秘等。

万有的结局都如实记载在里面，

不得改动，不得加添，不得删减。

这些天上的书卷被神用七个印章封得严严实实，

天书无缝。

自然，有权柄打开书卷的独一无二者的只有神，

也唯有神，祂才是书卷的拥有者。

这里就是至高者的第二书房，

一切的神迹，都有记述。

基督温和的说

在上帝的第二书房摆放着一排排希伯来书籍，

在"神启"一书的圣子受难一章中，

有天使加百列所描述的文字：

我，加百列，

受全宇宙圣光最高至神所派遣，

为拯救全宇宙受苦受难之人子，

在此留下圣光之子"受难"缘由一节。

我，全宇宙圣光至神，

创造星际、宇宙和万物及人子，

因机缘、筛选、轮回、创造、湮灭之由，

万事万物须有始有终，

所由神在大地固有一"死"，

须超脱物质肉体，回归灵体。

我子，基督耶稣，

愿往复大地，

拯救多灾多难之大地溃败，

救赎亚当夏娃之遗子，

须"流一滴圣血在大地"，

洗涤世人之罪孽，

神之死须"世间有罪之人"持刀，

破胸裂肚，进行主刑，

"罪刀只能有罪之人施行"，

凡无罪之人捉刀，

必失去拯救、救赎之意义，

所以神之死，必须死于某种契机，

而不能死于无缘无由。

现罗马罪城，祸权弑杀，

犹太贪欲，亵渎神明，

民众惑乱，愚昧无知，

更兹有加略人犹大，基督耶稣门徒，

游走地狱与天堂之间反复，

因心魔顿生，

加之思念故国，神智混沌，

更加持弥赛亚出世，

待其神窍初开，

由其承担基督圣子死亡契机，

一切尽在至神的掌控之中。

但时过境迁后，

需再封闭加略人的神智，

神之初愿及愿景，

切忌，不足为世俗人所知也。

....　.．

上帝至神早已经预言其子的死讯，

这完全出于上帝自己永恒预知与预定的计划，

至神决定的事情必然要成就，

谁也无法改变。

这就是至神预知、预定、掌管的设计。

基督耶稣说

加略人犹大，

一字一字的注视，

默读，虔诚的默读，

流着眼泪。

主啊！我一直认为人如果能够从最黑暗，

最罪恶的领地走出去，穿出来，

就能到达天堂住所。

至于天堂之后的去留，

世事若一场大梦，

有人是归途，有人是起点，

若者，有人在半途。

我主，我还有世事半梦，

请允离我离别这里，

无论我魂是天，是地，或地狱，

我总要面对。

加略人犹大说

加略人，我徒，犹大，

耶稣怜惜的说：

我们最终都要远行，

最终都要跟稚嫩的自己告别。

也许路途有艰辛，有孤独，

但熬过了痛苦，

我们才能得以与神相遇。

这条路，"有时觉得遥不可及，

有时又好像触手可及。"

天堂、地狱，抑或大地，

都是一种考验和过程，

重点是你必须经历这一切。

我记得我们在世俗凡尘，

我们一起生活、一起传道、一起攀登，

那些世俗艰辛，天道无常，

我也很疲惫不堪，

直到有一日，在阳光下，

我透过一个漆黑的圆洞（山洞），

看见一些美丽的东西显现在苍穹。

"信仰是去相信我们所从未看见的，

而这种信仰的回报，是看见我们相信的。"

如果生活于愿景之中而没有希望，

将是人生最大的悲哀。

我们总会生活在极恶的时代，

被极恶的魔鬼统治，

那么你须将把自己的鲜血献祭给恶魔，

成为魔鬼的使徒。

在可预见的将来，

你都必须称颂魔鬼的狞笑，

并忍受魔鬼那腐朽的散发出恶臭的呼吸。

但我徒，我告知与你：

罪的对立面，不是美德，

而是信仰。"

耶稣说

那加略人，犹大说，

主啊！

我不是这个世界上的坏人，

我是这个世界上的罪人。

我未偷食，我未窃取，

我未烧屋，我未弑杀。

但我有罪，我有本罪，原罪，

所以我是这个世界的罪人。

魔鬼之所为魔，是因执着；

地狱之所为狱，只因混沌。

说着，加略人犹大，

凝视基督耶稣的双眼，

然后正着身子，走过来几步，

附在耶稣的耳边轻轻低语，

基督耶稣神情自若，玩味良久，

静静凝视着手掌心里，

爬上爬下的染血"圣甲虫"，

那是自己在俗世被钉十字架之时，

被至高神投放在十字刑具上的"复活甲虫"，

助自己复活存留。

耶稣默闭双眼，思索良久，

叹息说着，

"我徒，加略人，犹大，

天堂世界，

在你有生之年是可以到达的。

一花一世界是指天堂无处不在，

一念之间是指天堂和地狱的霎间，

它取决于你如何选择和你所选择的路。

我们这一生有花、有念即可，

告诉那些承受圣子之血和即将承受圣子之血的人子吧！

父与我同在，父与我们同在，

虽然那些人子被赶离天堂伊甸园，

但所有的人子都承受过神的创造和爱抚，

告诉那些人子们吧！

要激发出内心的仁爱，

束缚内心的罪恶，

建设好自己的家园——"天堂"。"

我徒，你须谨记：

新天新地是何等荣耀美好，

慈爱的主是何等公义威严！

因此，我们要充满信心，

每一天敬虔认真地活在神的面前，

忍耐等候独有权柄的主。

到那日，祂必再来！

至那时，众生将俯伏等候在祂的面前，

祂是掌管万有的主，祂是揭开奥秘的主。

纵然今天在世上有许多事情我们还不明白，

但我晓得，祂必再来！

终有一天，祂将揭开全部奥秘。

然后，基督耶稣同样也在加略人犹大的耳边，

轻轻低语。

那加略人犹大，

神情恍惚，不置一词，

最后对着耶稣身后虚空的大厅，

像在俗世一样，

对基督耶稣恭着身子，

敬了一礼，神情严肃，缓缓退下。

看着犹大愈来愈远的身影，

基督耶稣轻轻的低语：

"我徒，犹大，

我们终其一生都是在寻找两个东西，

一个是价值感，一个是归属感，

价值感来自于被肯定，

而归属感来自于被爱。

那加略人犹大，

你须坚强，承载信仰之光，

在幽暗的世界冉冉升起。

再见，成全者、再见，我徒，

期待我们的下一次相见。

我徒，犹大，你只须遵守：

忠于信仰，信者永生，即可。

这时天堂里有急切的声音问，

"我主，为何不留下此人，

助力天国，

相反如果加略人坠入地狱，

那才是不可救赎。"

圣殿之中，基督的十二门徒，

齐聚耶稣身边，

在大殿的一边，有第十三把椅子，

虚空而现。

"众徒，世间万象、万物，

只要心有所向，

万事皆无法阻挡。

这世界，不是每个人，

都有机会做自己想做的事情，

但是我们应该尽量去做那些正确的事情。

每一个人都有自己的使命，

完成自己人生最重要使命，

比留在天国更为重要，

显然加略人犹大知道自己的位置，

但是他最终不会留在这里，

当然他也不会坠落地狱，

因为他最终会回到人间，

寻找更为重要的东西。

上天既然挑选了他，

即赋予了他去传播信念的使命和道路，

在圣父之下，早晚必然相遇。"

耶稣娓娓道来。

第四章　　神思

当大厅中所有的天使和使徒退去以后，

面对辉煌明亮的大厅，

耶稣缓缓的说着：

我父，创宇宙至高之神，

掌控亿万年时光一瞬的创造者和造物主，

刚刚那魔王加略人在我耳边的低语，

想必你也倾听的到。

我们这个世界，是否是真的，

按大魔王路西法所思，

魔神巴尔贝里斯所述，

是这个本来面目？

基督耶稣轻轻的问着

我的孩子，耶稣，

当我把这个世界创造出来，

当我把人子安置在伊甸园中，

当我所创造的光之子路西法在神界北境抵抗我时，

当我驱离一切人子坠落大地时，

当地狱之门炙热的火燃起之时，

当大地和地狱遍布罪恶之时，

我就知晓，一切都会浮现，

一切魔神所知晓和认定的真相也会出现在，

这个大厅。

我想告诉你的是，我的孩子，耶稣，

大魔王路西法说对了一半，

猜错了一半。

我所有的思索和由思索做出的决定，

也记述在"上帝的第二书房"的隐秘之处，

同时我让加百列保管这一切秘密，

不得翻阅。

就是我子耶稣，

也不得查阅和观看。

至高之神的声音在大厅，

轻轻低语着。

如果这样的秘密，

我不配知晓，

那么我父，我愿意退出大厅，

不在过问一切，

并和当初一样，

尽职尽责，不离不弃。

耶稣缓缓的说着

我子，耶稣，

当我划定锡安山，

为我的脚凳之时；

当我指定迦南之地，

为应许之地之刻。

当我用天堂之树雕琢圣约，

我就已经确定，

完成了神与人子的约定。

我父，不知路西法的由来是如何？

以及迦南的出处又是何如？

基督耶稣问。

我子，耶稣，

你可知我用了九个晨昏的时间末节，

精雕细琢才创造了永恒、完美的路西法大天使，

所以他才有了骄傲，自满的资格，

但是，他的堕落坠地也是用了九个晨昏。

而你与众人子，

则是我用一日时间之节，

创造而来。

路西法为神之子，

而你与众人子则为世俗大地之子。

是我创造众天、众地及众人子，

是我建立神之律法和诫命，

是我指定"迦南"之地，

以安希伯来人心、信仰。

世人都以为我指定应许之地"迦南"，

是地区之名，

可是众人都错了。

迦南之名源于含的第四个儿子"迦南"，

即迦南人的祖先。

他因冲撞父亲含，冒犯祖父诺亚，

于是我降下戒律使其迦南以及后裔受到十世千年诅咒。

在摩西和约书亚时代，

迦南这一名称开始泛指整个巴勒斯坦地区。

迦南被称作"美好宽阔流奶与蜜之地"，

我曾赐予希伯来人为业。

当我指定"迦南"为希伯来人的应许之地之时，

并不是指这块土地，

而是指的是希伯来人与"迦南"十世之子巴勒斯坦人子

的和解，

而不是其他。

我只知朋友乃时常亲爱，

弟兄为患难而生，

迦南（巴勒斯坦）与希伯来，

同根同须，手足一体

所以兄弟间须和睦相处，

姑嫂婶叔须相亲相爱。

希伯来，希伯来，

如你报以迦南鲜花，

迦南必报你以流奶与蜜之地。

希伯来，希伯来，

如你报以迦南鲜血，

迦南，迦南，

将报你以石块。

如你们两个种族达不到真正的和解，

那么我发誓将来希伯来人将失去迦南，
迦南则失去希伯来人，
就像你基督耶稣曾失去圣殿三日一样。
至高神的声音响起

我父，基督耶稣沉声低语说，
至那日，我必为我的民，
与田野的走兽和空中的飞鸟，
并地上的昆虫立约。
又必在万国中折断弓刀，
止息争战，使他们安然躺卧。
我必让希伯来人与迦南人自由，
像萨拉丁和奥马尔时代一样，
让耶路撒冷继续成为世界之都，
成为全世界人的自由、信仰之地，
才是这片土地的未来。
否则，我必不入圣殿，
至此不再复活。

我子，耶稣，
你要须知，

当人子不放弃感性认知，

而思潮起伏不定时，

任何神祇都无法救援于他。

感性造成的无意识偏见的危害，

却比魔鬼的破坏还要严重。

在某种情况下，人子是处于一种巨大的感性漏斗，

往往会下意识将自己的命运交由他人处置，

从而置理性、真理于不顾。

除了无法掌控感性和理性的平衡之外，

人子也会经常基于自利和掌控心理，

下意识做出非理性判断，

从而造成对世界的危害。

我父，耶稣轻轻的说，

天上有云，山谷有风，

窗外有鸟，田野花香。

感性是什么？

感性应该没有好坏之分，

感性往往是指人情感丰富，多愁善感，

能对别人的遭遇感同身受。

感受力强的人，

能体会到世界任何事物情感的变化，

和对他人以及自己的爱。

感性的人，在张望世界之时，

更遵从下意识，

也就是习惯于从心所想出发，

不会更多的考虑客观条件，

是以主观看法为主导的唯情思虑。

我父，耶稣，继续说着，

我无意冒犯你的权威，

忤逆你的意见。

神的正义不应该只是建立在所谓的力量之上，

祂须真正理解和关心他的创造物。

他的内心须燃烧着对真理的渴望，

去寻找真正的自由与公正。

你是希望人子用理性的眼光看我，

还是希望用感性的目光望我？？

另外我所不解的是，

为何你给予人子一切，

却又收回一切？

为何人子只能从感性与理性之中，

调选一样，

而不能让其同时拥有？

智慧，永生，

你也能赐予他们，

为何你的手却迟迟不予垂恩？

至高之神同样的回应着说，

我子，耶稣，

我的忠告是：

不要赋予人类太多的东西和智慧，

因为他们会发疯。

不要既倾注人类感性，又倾注理性，

因为他们会成魔。

当神从他的睡榻之上起来的时候，

神便有了第一个意念：

创造一个活人，一个活生生的人，

与他生活在一起，做他的伴侣，

陪伴他左右；

这个活人能够听他说话，听他倾诉，

也能够与他对话。

于是神就第一次亲手抓起了一把尘土，

亲手造了他心目中的第一个活人,

随后他第一次给了这样一个活物一个长久的名…

在我创立这个宇宙和世界星辰之前,

在我建立伊甸园和人子亚当夏娃之前,

我曾经创造出全新的人子,

我即赋予他们理性的思考,

也赋予他们感性的澎湃,

我在人子沉睡之时,

打开了人类的天眼（松果体）,

让沉睡的人子看到我,

并从我那里得知已经为他们创造了一个世界,

并希望人类去探索、管理这个世界。

我曾经梦想把整个世界,

包括天堂和大地交付他们,

让他们超越众神,

自由思索,自主生息。

我父,耶稣说,

为何天堂不得感性存在?

诸神之子为何会发疯成魔?

天堂之园为何失衡?

而大地又为何溃败？

我子，耶稣，

通俗的说，那是一群全神之子，

他们拥有造物权限。

但是，在这群史前人类，

拥有智慧和永生之后，

却通通发了疯。

他们都妄想追本溯源，

解脱本初，创物立天，

向我索要丢失的灵魂。

更无法忍受的是，

他们更把细究的眼光望向我，

细究我的由来。

没有办法，

我只有剥离这群全能人类的肉体，

驱除物质，只保留灵体，

立其为天堂的佑护群——天使次阶。

但诸神中有天使，过于感性，

每个感性堕落的天使，

例如路西法诸神，

都表现出贪婪，无餍，

想要拥有与我一样的权力和地位，

过于感性的诸魔，

造成大地溃败，人子的沉沦，形成地狱。

而那些堕落人子究竟发生了什么？

更多是基于信仰，

但最普遍的信仰是，

他们加入了地狱中的邪恶行列，

其使命是废黜上帝的权限并取代我的荣耀。

所以我需要封闭整个天堂的感性思潮，

无论是诸神还是人子，

我将所有的"感性"凝结成永生之树上的果子，

并继续创造新的人子"亚当夏娃"。

我告诫于他们不得偷食禁果，

否则我将清除一切。

但是很显然，

魔龙神最小的儿子，

提前在天堂之树的地穴隐藏，

并有他和路西法诸魔，

完成了对天堂的破坏和大地的溃败以及人子的诸罪。

所以以下的时间，

我注下大洪水，

下了七个昼夜和黄昏的水流，

倾覆大地。

我父，基督耶稣说，

诸魔破败大地，引诱人子之时，

你为何袖手一旁，不管不顾？

当你倾覆大地，

诺亚为你的拣选，

那么诺亚是否是你唯一的拣选？

我子，耶稣，

你要知道，这盛世魔鬼无退路，

一旦魔鬼退缩，

一定会被光明、明光所耀目，身死尘灭。

魔鬼只因为魔，是因为唯愿世界共黑，

才不会显示自己所黑。

所以，这大地的倾覆只是时间问题，

人子的断绝只是概率问题，

也是一个必定问题。

当我拣选诺亚建造方舟，

躲避世界末日的时候，

诸神都认为告诉的人是叫诺亚，

其实当时还有阿诺克一家知道有灾难要发生，

因当时在大地之上还有一位叫做西苏达的国王，

通过观测天象知道了即将到来的大洪水。

于是他找来了阿诺克，

并提供给阿诺克建造方舟的一切资源。

当方舟建造完成后，

阿诺克当时方舟存放的并不是动物，

而是众生的种子——感性、理性。

在那场惊天动地的洪水中，

诺亚后来向我祷告告喻说看到了另一艘方舟，

也许那艘方舟里坐的正是阿诺克一家吧？

至高之神的声音在大厅，

缓缓说着。

是否是智慧点亮了人子的眼睛，

但同时智慧也带来了悖逆，贪婪，诡诈；

是否永生带来了永恒，

更带来了自高自大，以及不顺从。

人子把神的赋予变成恣意妄为的资本，

逆天改地，

这些都带来了罪，

罪的后果就是堕落和死亡，

所以需要帮助救赎他们。

耶稣缓缓的询问

我的孩子，耶稣

并不是神怕人子和他一样，

而是智慧树上的果子是恶果，

永生树的根须是恶须，

神是善，人是恶，

神是理性，人是感性，

不能与神同在了。

人类坠落大地后，

只属于自然，

人类演绎只能是自然演绎的一部分，

即：生老病死，消亡、转换、重生。

人类改变不了自然演绎之规律，

人类永远也成为不了一代造物者，

当他们不断思考和探索自己的起源，

如此周而复始、循环往复时。

毫无疑问，

人类最终毁灭在自己的智慧和永生上。

因为智慧会产生越来越多的罪恶，

神怕的是这"智慧"（罪恶），而不是超越。

一切都是受造物，

再有智慧又如何能超越于"我"？

人的"永生"都是愚蠢的，多余的，

最终的结果只是死亡。

因为世事（大地）皆苦，

若依人类的物质躯体获得永恒，

将是最大的痛苦。

在未改变大地之前，

在未净化灵魂之前，

人类不配获取"永恒"和最终智慧，

予不给，余不配。

至高之神的声音说

我父，你至何时，至何日，

降临大地，面对自己那日所创之丑物？

基督耶稣问

我子，耶稣，

至那日，至那时，

当人类摆脱物质的欲望，

从物质转向灵体的发展，

变得高尚纯洁的时候，

那个时候神才会真正的降临。

须知人类的本质才是灵体，

躯体是被尘灰创造出来的，

是物质所塑。

我创造那日，

正当光明，

我用纯光之灵塑其魂，

混沌之土造其身，

成就无欲无念混沌无间之人子，

放置天堂宇宙。

众人的本质是纯光体的、非物质的、

是拥有神灵意识的灵体，

与我不离不弃。

至众人子的精神，灵魂，

以及灵体呼唤我的时候，

我才会降临。

当人心回归人性之时，

当神灵回归人类心灵之时，

当人类控制恶权之时，

至那时，神自会降临大地。

我父，宇宙浩瀚星云，无垠星河，

为何你会捡取这片混沌星辰，

开天辟地，造就万物，

塑造尘灰，放置灵魂，

众生灵魂的归宿又放置在那里？

基督耶稣问

我子，耶稣，

这宇宙只是片死寂之海，

地球是海里唯一的火星，

不过也就是火星而已，转瞬即逝，

这片死海里也曾经闪耀过别的火星，

当然能闪出火星已经是极小概率事件，

但都没能逃脱熄灭的命运。

生命本来就是一场孤独的去往，

无论如何挣脱，

星辰都将是人类的最终归属，

因为我们来自星辰深处，

最终也必须回归星辰那里！

创宇宙至高无上荣光之神，

整个宇宙，星际都是你所创，

整个天堂，人子都是你所建，

你是否可以告诉我，

你来自哪里？

耶稣缓缓的小心翼翼的问着

我来自于宇宙混沌的最深处，

那是一片漆黑，一片隐晦，

混沌包容一切，共生之中，

万世混沌，无垠至今，

其中的无垠，无所描述，无法解读，

任何人子、诸神的思维，

都无法揣摩其中任何一片无垠，

那里虚空无限，无法洞察。

这个问题你们不得思考，

不得深思，不得探讨，

因为你们还远远没有成长。

上帝温和严厉的对耶稣说，

整个声音充满大厅。

◦◦◦◦◦◦◦◦◦◦◦◦◦

第五章　　"怪物"

走出天堂的大门，

我依然有深重的无力感，

犹如柯林斯的国王西西弗斯，

不知疲倦的推送巨石一样无力。

天堂风铃清脆的声音，

以及永恒之树的莎莎声音，

充斥着我的灵魂。

难道人类在宿命之下，

所做的一切都是无意义的抗争吗？

我应该去往何处，

天堂，地狱，或者大地？

加略人犹大，心想。

"啊！谁若游戏人生，他就一事无成；

谁不能主宰命运，便永远是一个奴隶。"

随着晴朗诵读声音的出现，

一个身材修长，身着白色衣袍，

一身睿智气质的男人站在犹大面前。

我，出生于美因河畔法兰克福，

幼年从父亲那里，

我得到强壮的体魄和做一个正直人的人生观，

从母亲那儿，

则继承了她乐观的性格和对于语言的表达能力。"

被挚友魏兰特戏称是一个"美丽的怪物"。

我，浮士德的缔造者，

约翰·沃尔夫冈·冯·歌德，

你好，加略人，犹大。

歌德说。

你好，我，犹大，

依靠出卖上帝圣子耶稣，

而闻名于世的背叛者灵魂。

从地狱而来，

寻找离开天堂的路径。

犹大说。

你错了，那加略人，

我听说真正的信仰是根植于心的，

是不受外力所左右的。

任何对自己的自怨自艾都是不可取的，

须知上帝的理性谁也无法猜透，

就像魔鬼的感性，

我们也无法理解一样。

怀疑能把昨天的信仰摧毁，

也能替明日的信仰开路！

当信仰不再照亮将来时，

人心将在黑暗里徘徊。

不要怀疑神，质疑神，

须知人子的每一次境遇，

都是神最好的安排。

那累累的创伤，就是神痕给你的最好礼物，

因为在每个创伤上面都标志着前进的脚步。

对于你的人生际遇纠结，

我在天堂曾经与荷马、但丁、莎士比亚，

探讨过，

我们都认为上帝既然让一个人存在，

并指引着他的行为，

那么就一定有他的道理。

而我们只能依靠自己的直觉，

通过自己一生的际遇、经验，

走过的路，说过的话，

前人的历史和神的启示，

进行揣测和解读。

我很乐意把当时的讨论场景，

描述给你所知。

歌德说着，

一片虚空之境画面，

出现在加略人，犹大面前。

··················

在天堂一望无际的鲜花丛中，

有人影隐约，

这里是诗人、哲学家们在上帝的"羊角"花园，

展开对话积极探索生命存在意义的地方，

在这里人们远离尘嚣，心情愉悦，

众多大胆的想象，

深刻的思想也在花园里萌芽，发展。

"需要特意指出的是，

按照基督福音书的最初译文，

加略人犹大是"第十三个灵"，

可以进入上天的王国，

而且实际上升到了天上的云中。

但是，不知是否梅菲斯特新译的魔经文本缘故，

犹大变成了"第十三个魔鬼"，

而且也无法再上升到天上圣洁的世代。

根据魔经描述犹大是魔鬼亚达鲍特在尘世的化身，

他在出卖耶稣俗尘肉体给罗马的同时，

也把基督之灵出卖给了魔鬼之域，

导致了基督灵体的三日之亡。

手持盲杖，瞎眼瞽目的荷马说

我认为，无论犹大是魔鬼，还是灵，

至今天堂和地狱都有不同的理解。

但是加略人被译为"魔鬼"或"灵"，

应该其所指都是同一个物质东西，

即：在神性领域之下而在这个世界之上的中介性存在。

万物的产生是从至高的神流溢而来的，

从神流溢的东西离神越远就越低级，

越近则越高级。

其中，最高级的是基督，其次是天使，

再就是物质世界的创造者"德穆革"。

从加百列描述记载来看，

属于天使那个层次的有亚达鲍特、萨克拉和他们创造的

侍奉天使，

他们也都被称为魔鬼或者堕落天使。

而犹大作为第十三个魔鬼或亚达鲍特的化身，

也应该属于这个行列。

作为感性和理性的分界线，

这是一个既可以称为魔鬼，

也可以叫做天使的行列。

其实从至高神到侍奉神，

以及物质世界之流溢过程中产生的，

接近至高神的灵性存在的流溢，

实际上是不乏善性的。

按照诺斯替派的一般原理，

凡物质的存在都是恶的，

凡精神（灵性）的存在都是善的。

那么，说犹大或亚达鲍特是邪恶的魔鬼，

无非是说他们都带有物质的成分，

不像至高神那样是纯粹的灵性存在；

而说他们不能达到圣洁的领域时，

无非是说他们摆脱不了物质性，

因而可以说是堕落的。

就像梅菲斯特的地狱之门，

不允许任何灵性之光、理性之思存在一样，

而感性、物质，这些则是地狱唯一存在的筹码，

也是地狱存在的原因。

人类当然更是物质之中的残渣，

当然他们其中不乏也有追寻精神灵性的人。

所以加略人犹大，是善，还是恶，

是天使，还是魔鬼，

我们需要存疑，以待观察。

身穿绯红火烈衣服，头戴棕榈冠的但丁说

由此可见，

把犹大译为"魔鬼"或"灵"都不是紧要的，

因为这两个词指的都是流溢过程中的中介性存在，

不是世俗道德意义上的邪恶之徒。

在具有浓厚诺斯替派那里，

犹大及其同类也许有恶的一面，

因为他们都包含物质性或者利益性。

加略人犹大，在耶路撒冷跟随基督之时，

掌管财物，曾经贪渎资产，火中取栗。

虽然这样，

但在世俗道德的意义上，

他们仍然属于非善非恶的中性人物。

如果从道德意义上评价犹大，

我们应该更多地着眼于耶稣对他的看法和他的行为，

以及神对他的最终评价。

耶稣认为犹大其天分和品性是出类拔萃的，

所以信任他，

曾把他分离出来告之以天国的奥秘。

犹大在尘世的主要行为，

即出卖耶稣，

但那是顺从耶稣的意志而对耶稣的成全。

就其宁可承受"叛徒"的恶名，

并永远被诅咒而毅然成全其老师的意愿而言，

他在道德上是可敬可佩的。

简言之，在我们看来，

不论犹大译为"魔鬼"还是"灵"，

犹大决不是一个为了金钱而出卖耶稣基督的叛徒，

而是为了成全耶稣，

使之解脱肉身束缚的双面人物。

我（歌德）说

那么，从理论上讲，

这就起到了为犹大"平反"的作用，

而基督教的反犹主义就失去了一个重要理由，

基督徒对于犹大和他的民族——

犹太人的仇恨也就应该因此而消除。

我们应该知道，

诺斯替派是早期基督教的一个分支或派别，

尤其是一个被基督教定为异端的派别。

所以《犹大福音》没有被 325 年的尼西亚信仰之会，

确定为基督教的福音书。

激进的基督徒甚至宣称，

《犹大福音》是"祸因"之书。

在基督徒心目中，

犹大仍然是《马太福音》、《马可福音》、《路加福音》和

《约翰福音》里，

所描述的那个贪婪、邪恶、可恨至极的出卖耶稣基督的

叛徒。

而我们认为《犹大福音》里犹大的正面形象，

对于非基督徒、知识分子以及某些具有反省精神的基督

徒或犹太人而言，

应该具有不同寻常的重大意义。

它至少表明，

在基督教产生的早期存在过许多派别和形形色色的福音书，

诺斯替派及其《犹大福音》就是其中之一。

在对于上帝、宇宙、世界、人类等概念，

以及耶稣、犹大等人物的阐述上，

所有的福音客观理解和解读，

应该是多元的，

那么耶稣和犹大等经典人物的形象也应该是多元的，

所以福音书里所谓犹大"卖主"只是诸多说法之一种。

我们应该正视这样的事实：

《新约》福音书和其中的犹大形象并非绝对真实，

二至三世纪就存在的《犹大福音》及其犹大形象，

作为多元中的一元，

也有存在的理由和价值。

可以想象，

这无论对于基督徒还是犹太人，

以及所有希望未来两教友好相处的人们，

这都是一个"福音"。

莎士比亚说

我们一直认为，
上帝早已经预言耶稣的死讯包括细节，
这完全出于上帝自己永恒预知与预定的计划，
上帝决定的事情必然要成就，谁也无法改变。
这是至神预知、预定、掌管的神迹概念。
因此当耶稣在十字架上临死之时说：成了，
这两个字就表达了计划的完成。"歌德说

感谢你（歌德）、荷马、但丁、莎士比亚，
你们圣殿四骑士的赞誉和理解，
血仍然是红的，
信仰永远都在，
这一点我永远赞同。
世人的理解与否，赞同与否，
对于我们而言，
只是清风入耳、流言入喉，
转瞬即逝。
重要的是现在活着的我们，
应该何去何从？

命运的转轮既已启动，

我们又应该去往那里呢？

加略人犹大说

众所周知，荷马创造了人与半神、热血与理性、

阴谋与爱情、杀戮与忠诚的世界。

但丁创造了梦幻与现实、寓意与象征、

知识和理性、神学与罪狱的世界。

莎士比亚创造了时代与进步、人文与思潮、

忠诚与罪恶、腐朽与控诉、谴责与眼泪的世界。

我、歌德创造了唯物与辩证、魔法与虚幻、

哲学与信仰、创造与缺憾的世界。

同时我还创造了被恶魔所诱，

经历几许幻境，终得天使引导，

于生命的最后时刻，

在与自然的斗争中领悟人生目地的浮士德。

加略人犹大，

你和我笔下的主人公人物浮士德的遭遇，

经历像仿。

你们都是经历了知识认知、

生活奉献、政治创造、美丑雕刻，

以及事业罪与罚的悲剧。

同样的，你们都曾经和恶魔梅菲斯特，签订魔约。

歌德说

等等，圣殿四骑士歌德，

我并未与魔鬼梅菲斯特签订什么赌约，

我空手进地狱，

又只手出魔域，

相反魔王梅菲斯特大人，

又赠予我一枚通往天堂的银币。

犹大说

加略人犹大，

你几时听说过，

通过天堂需要携带金光闪闪的银币，

来贿赂天堂神灵的，

那样犹如骆驼穿过针尖而不可能。

天堂是灵体、温和、佑护、理性世界，

有人踏足天堂会闪回一生的经历，

有的人则平和宁静，感觉温暖与爱，

有的人会看见明亮的光芒，

还有的会看见超时空的至高神灵。

总而言之，人类进入天国，

不是依靠自己的纯净无暇的品质、道德，

以及洗净物质残渣的灵体吗？

你要知道，魔王诱人对赌，

他的是即是非，对即是错，

生即是死，天堂即是地狱。

歌德说

加略人犹大，

你经历半生，浮萍不定，

举目无亲，四顾茫然，

去浮士德的世界，

寻找答案吧！

去吧！去吧！

说着，歌德用手掌，

推向犹大的双肩，

犹大不由自主的后退，

踏足虚空，

消失不见。

壮哉、目标，壮哉、人生，

壮哉、意义，壮哉、灵魂。

歌德说。

第六章　　浮士德的对话

广阔的海洋，从蔚蓝到碧绿，

美丽而又壮观。

海浪一层又一层地赶来，

碰撞着卧在海面的礁石，

溅起了水花又落下来，

站在大海面前，好象一切都静止了，

云不再飘，心不再动，

只是顿时觉得自己是如此渺小。

远方，海天一色，

海鸥自由自在的在海上飞翔。

海的边缘，人声鼎沸，此起彼伏，

只看到人山人海，人流如潮，

真像一块黑色的绸缎覆盖大地。

在人群最聚集、最拥挤的地方，

有一个白发苍苍的老人，尤为醒目，

那老人大声的喊着，叫着：

人啊！必须每天每日去争取生活与自由，

才配享有自由与生活的感受"。

加油！加油！

那老人穿着吊带裤，卷着裤腿，

赤着双臂，花白的头发，

残缺不全的牙齿，

在阳光之下闪着亮光，

瞀着双目，隐隐约约透着希望的神色。

伴随着波涛骇浪的声音，

老人大声喊着：

"真美啊，请你停一下"。

那加略人犹大，

欢迎你的到来，

是魔鬼梅菲斯特的遣派，

还是受我的主人歌德骑士的召唤，

你的到来，我非常，万分的感谢！

浮士德说

我，犹大，蒙罪之人，尘世的抛弃者，

地狱的诅咒者，天堂的低微者，

并不知大天使歌德骑士指引我到这里来的目的，

我猜想歌德骑士应该是让我，

到这里来经历你的宏大事业。

你超脱年纪，历经非凡，

而我，心胆俱裂，不知所明，

还请你指点我的方向。

犹大说

世上只有一种英雄主义，

就是了解生命后热爱生命。

一个人的性格决定他的际遇。

如果你喜欢保持你的性格，

那么，你就无权拒绝你的际遇。

浮士德说，

另外我那里可以指点于你，

人只有亲自历经一切，

体验一切，才能指点，

而且只能指点自己，

而不是指点他人。

须知人本质上只有经历，没有年纪！

年纪只是一个虚无的时间概念，

没有任何价值。

我也是通过与魔鬼梅菲斯特的赌约，

经历的五个阶段，

即知识、生活、政治、美的悲剧和事业悲剧的追求，

我初期也是受本能欲望驱使，

沉迷于名利、权势、地位，

以及女人等现实欲望的追求，

而沉沦迷醉。

我浮士德也只是代表普通人的两重特征，

人只能摆脱欲望，超越自我，

不断向更高的目标奋进，

剥离灵与肉的创造。

人只要有不竭奋斗的精神，

自强不息、积极进取的斗志，

肉体才可以超脱，

灵魂才可以得到救赎，

所以我要创立这伟大的事业，

以拯救我的命运和灵魂。

浮士德先生，

我，犹大，也是沉迷于神的事业，

名利、权势、地位，

我也曾经拥有过。

初进神的事业，

我被分配大管理账务的职务，

负责救济众人还有使徒们的日常消费。

在经手每一笔账务的时候，

我都会从中抽取一枚，

当然这是我应得的报酬。

我曾经追随神的脚步——我师，

亦步亦趋。

只是后来因世俗魔鬼的挑唆，

我步入罪途，

让神的事业蒙上阴影。

我吊死于罪田，

灵魂转瞬之间，

游走于地狱，天堂。

啊！命运常常玩弄于我，

折磨的我不知东南西北。

啊！神爱世人，

我们唯一的爱人也是神，

所以我们的际遇大致相同。

犹大说

那些叫嚷着命运不公的人，

其实还未真正触及命运。

因为被命运折磨得死去活来的人，

已经不愿谈及命运。

一个从厄运的深处走过来的人，

说得最多的一句话是：都过去了。

而紧接着的另一句话是：

这，也会过去。

那加略人，犹大，

因为彼此性格的使然，

我们的结局却不会相同，

因为我们的"信奉"稍稍不同罢了。

我是从中世纪的书斋里走出来的，

身上仍有明显的旧的痕迹。

"有两种精神寓于我的心胸"，

一个"执着尘世"，"沉溺于爱欲之中"；

一个则要"超离凡尘"，"向那崇高的精神境界飞升"。

当我走出阴暗的书斋，

迈向大自然和广阔的现实人生时，

啊！我所创造的事业将成为全人类命运的事业。

只有在创建人间乐园的宏伟事业中，

我才能找到人生的真理和"理性王国"的影子，

我与我们将建立一个"理性的天堂"和伟大的世界，

为神灵献礼。

浮士德说

是的，浮士德先生，

我们的灵魂奔走在来与回的道路上，

反复的试探，反复的碰撞，

反复的追寻，反复的思索，

我与你以及创造你的主人歌德大骑士，

我们虽然信奉的是同一个主，

但其中还是有一些区别。

圣经旧约是以《先知书》结尾，

预言了以利亚在"主降临的日子"之前回来；

而塔纳赫以圣歌结尾，

最后一句话落在了波斯王居鲁士身上，

他的法令告诉被流放的希伯来人：

"所有他子民中的任何一个人，

都可以回到故土家园。"

因此故国、家园，才是我们的最终信仰，

我们与神颠沛流离上千年，

神未找到自己的圣殿，

而我们未找到自己的家园，

现在我们的先知，弥赛亚，

也只有弥赛亚才能帮助我们重建耶路撒冷，

我的故乡。

只因"在上帝赐予的十份美丽中，

有九份为耶路撒冷所得，

只有一份给了世界其他地方"。

加略人犹大说

我记得，基督耶稣祷告时，

曾经说过："耶路撒冷啊，

我若忘记你，情愿我的右手忘记技巧，

我若不记念你，若不看耶路撒冷，

情愿我的舌头贴于上膛"。

忘记耶路撒冷，

就像人类忘记信仰，忘记至高神。

我曾梦想用我的精神抓住这个世界最高和最深的东西，

我注定要遍尝全人类的悲哀与幸福。

在我内心深处，

这一切绝不是为苦难而苦难、

为了建设而建设，

最重要的是我要寻找到全人类事业的路径，

追寻到那一束自由的光，进入天国。

浮士德说

无论如何，

我们追寻的路径和路径尽头的引领人，

可能不尽相同。

当我那一日在罪田死亡时，

我的灵魂曾经追随希伯来人的先祖摩西的脚印，

与我的"家人"一起，

手持希伯来圣经，

而不是基督圣经，

历经"家乡"复国的沧桑，

希伯来人或者犹太人，

十起十落，复国无望，

家园破败，故乡沦落，

可是我与挣扎求生的家人，

一直没有放弃心中的信念和信仰，

那就是等待我们的神启救赎耶路撒冷，

如果给我们的神启注入一个名字，

那就是弥赛亚救赎。

弥赛亚，他将带来正义，公平的新时代，

弥赛亚，也只有弥赛亚，

他的力量将带领全人类迈向新时代。

啊！家人、故乡才是我们的信仰，

以及希伯来圣经和弥赛亚。

犹大说

那加略人，犹大，

不要为了寻找而寻找，

也不要为了救赎而救赎，

须知心中有信，抬头必仰，

人人皆是弥赛亚，

脚下处处是故乡、是家园，

是耶路撒冷。

自我存在，一切皆在。

你与我都曾经挣扎于命运的禁锢，

屈从于魔鬼的赌约，

背离神灵的路径。

当你在凡世与基督的一吻，

注定了命运从此在你与你所信仰的道路展开，

为何加略人，你会出现那人与神都诧异的一吻？

浮士德问

当你问起我，

为何在凡间与基督注定一吻时，

我告诉你，亲爱的浮士德先生，

因为人类被那些原始本能所控制，

所以我们任性，短视，被欲望禁锢。

或许我们根本成为不了希伯来圣经中的未来人，

除非事物发生毁灭性的转折，

而导入颠覆性的结局。

犹大之吻，

一方面是成全我的老师——基督，

另一方面则是成全我的故国、家乡、家人，

因固然基督不死，不得救赎，

但耶稣不亡，弥赛亚不生！

须知人类救赎之路，必循预先创造，

必先毁灭之路径。

犹大说

基督不亡，弥赛亚不生；

预先创造，必先毁灭，

浮士德自言自语的说。

那加略人，犹大，

我的主人歌德大骑士，

告诉过我，

你曾进入天国上帝的第二书房，

阅看过神启救赎之章。

但是我还是想问问你，

你是否知道，

基督耶稣上十字架的意义是什么？

以及圣子之血流染，

圣父又做了什么？

浮士德说

是的，我有幸进入全宇宙圣光照耀共主，

慈悲仁爱创造拯救之至高神的书房，

阅看了仅仅一小部分神启的文字奥秘。

犹大说，圣子之血，

揭示人的拯救之路，

体现天堂的本质；

为救赎提供了阶梯，

为奇迹提供了契机，

为世俗人子提供了完美的崇拜物格；

在概念的有机理论上

让神之格与人之格在实际上衔接，

让人子沐浴于神之光下。

在圣经中，十字架表示至高之神上帝的咒诅，

而堕落大地的人子，都将受到上帝的咒诅，

因为他们都背弃了神之光的信仰。

但是上帝仍然按照自己神圣的旨意拣选了一部分人，

或者有一部分人进行自我救赎后，

通过了上帝的拣选。

接下来最重要的是，

圣子为圣父灵体一部分，

而圣子之血的流淌，

必须有圣父至高神亲手引领。

所以至高神上帝亲手用天堂的生命之树，

制作了"真十字架"，

并"亲手"引领基督钉死在十字架上，

为"世俗"赎罪，

从而显明了上帝对世界人子的爱，

至高神上帝亲手用圣子之血，救赎世人。

"真十字架"神子之钉，

基督耶稣死后，

在第三天随着耶稣复活，

而下落不明。

犹大说

那么"真十字架"就这样失踪了吗？

是否神启就不现人间了？

浮士德问

在 3 世纪末 4 世纪初时，

罗马帝国皇后海伦娜·奥古斯塔，

下令前往各地寻找真十字架。

随之命人推倒了维纳斯神殿，

在废墟中找寻到了真十字架，

同时保存在了耶路撒冷，

并在此建立了圣墓大教堂。

随后把十字架上的钉子也一并带了回去，

这就是另一件基督圣物——圣钉。

其中一枚圣钉被镶嵌在了君士坦丁的头盔上，

还有一枚融入了皇帝雕像的头部。

一枚做成了马镫，另一枚至今下落不明。

在海伦娜找到真十字架的 300 年后，

波斯第二帝国皇帝霍斯劳二世攻占了耶路撒冷，

并夺走了真十字架，

不久后又被罗马皇帝希拉克略夺回。

400 年后的公元 1009 年，

当时统治耶路撒冷的是信仰伊斯兰教的法蒂玛王朝，

法蒂玛王朝的哈里发下令摧毁象征基督教的圣墓大教堂，

得知消息的基督徒们就把真十字架藏了起来。

十字军东征时期，

十字军战士将真十字架视作战斗力的源泉。

真十字架在历史上的最后一次出现是在哈丁战役中，

耶路撒冷王国的十字军被萨拉丁的穆斯林大军击败，

真十字架虽然被圣殿骑士团殊死守护到最后时刻，

但最终还是被穆斯林军队打碎，

而渺无踪迹。

半个世纪过后，十字军东征重夺耶路撒冷，

但在此只得到了真十字架的碎片，

这些碎片又在 100 年后被埃及苏丹夺走。

时间就定格在了 1219 年,

真十字架从此消失在了历史中,

可能被至高神收回。

加略人犹大说

那么基督耶稣离开后,

十二使徒又做了一些什么呢?

浮士德继续问着

基督耶稣复活后,

众门徒悔不当初,

因基督死之时,

有门徒曾三不认主,

有门徒背离追随,

有门徒出卖叛主,

当然也有门徒持刀相争。

最后基督耶稣的十二门徒公议,

复刻了"第二真十字架"。

十二门徒在"第二真十字架"面前发誓,

继续追随基督耶稣的脚步,

众人分四散进行上帝福音传播，至死不悔！

彼得：使徒首领、第一任教宗，

耶稣最亲密的三门徒之一，

倒钉于十字架上殉道而死。

安德烈：彼得亲兄弟，

在黑海、巴尔干半岛传道，

被钉叉形十字架而死。

雅各：第一殉道门徒，

雅各西庇太的儿子，是第一殉道者，

被希律王斩首而死。

约翰：雅各亲弟弟，

是耶稣临死前托付母亲的人，

也是耶稣死在十字架，

被人枪刺肋旁的亲眼见证人，

最后一个去世的门徒，

著有《启示录》《约翰福音》《约翰一、二、三书》

马太：又名利未，著有《马太福音》，

传曾到巴勒斯坦一带传道，

后来也是殉道而死。

多马：心性多疑，非间不信，

要亲看耶稣的钉痕伤口才信耶稣复活。

曾在波斯、印度传教，

在印度被人用长枪刺死殉道而死。

腓力：耶稣最早跟随者之一，

在小亚细亚一道传道，后来殉道而死。

拿但业：以最惨烈的方式殉道门徒，

在亚美尼亚、印度一带传道，

被剥皮，倒钉十字架，砍首而死。

亚勒腓：雅各、达太，

他们是两兄弟，因为与西庇太儿子雅各同名，

所以也称为小雅各，最后也是殉道而死。

西门：奋锐党，殉道而死。

是个严格谨守摩西律法的人，

在波斯为异教徒所杀，

有种说法是钉十字架而死，

也有人说是被锯成两段而死。

马提亚：十一使徒公议选择替代犹大，

与安德烈一起送到叙利亚并被焚烧致死。

犹大（我）：十三使徒，出卖基督，自杀而亡。

以上就是基督耶稣，

被钉十字架十二使徒的启示。

加略人，犹大平静的说

第七章　　圣殿四骑士

这时，一道霹雳震响天际，

莫名天空阴霾寂静，

穿过那道莫名阴霾的云层，

有阳光灿烂明媚半城的"羊角花园"，

在花园的深处，

有人影踵踵和窃窃语声。

瞽眼，手持盲杖的圣殿大骑士荷马说：

真十字架或者说真实十字架，

是指圣子耶稣被钉死在上面，

被圣血淋漓侵蚀的十字架。

另外它还是至高之神，

审判圣子是否如约完成救赎的审判十字架，

对于基督耶稣意义重大，

被誉为真实的圣物。

当然关于真十字架之来历有一系列传说：

一说是至高之神亲手折枝，制成。

另一说是亚当之子在亚当葬礼上用伊甸园中——

那株著名苹果树的种子种下的树埋葬乃父，

而钉死耶稣的十字架就取材于此树。

后来，被不知所来和所踪，

居住"月神之庙"的示巴女王，

踏过用这棵树的木材造就的桥梁，

经神启她告知所罗门王，

这块木材将会改变上帝与希伯来人之间的盟约。

所罗门王因此将那木材进行深埋，

但后来木材却还是被罗马人发现，

成为钉死基督耶稣的十字架。

传说的其他部分，

包括君士坦丁大帝在米尔维安大桥战役决战前的一个梦，

以及希拉克略和霍斯劳之战。

按照此传说，

波斯人是因为曾经盗走了十字架才会遭此惨败。

这些题材故事传说，

无一例外被早期文艺复兴画师皮耶罗·弗朗西斯卡采用，

而绘制而成《真实十字架传奇》旷古千秋壁画。

皮埃罗他是与安杰利科齐名的文艺复兴早期的艺术家，

不过，画家生前落魄不堪，声名狼藉。

正如批评家所言：

弗朗西斯卡"赢得世人的赞誉只是近年的事，

他那种恬淡至极的静谧风格，

在他死后不久就过时了。

他高度内敛的表现方式品格超逸，

却被看作是缺乏能力的表现"。

当然这些只是《真实十字架传奇》的题外话，

因为梵高的"耳朵"总是在世俗不被人理解和所知，

天才总是被埋没。

身穿绯红之衣，头戴棕榈冠，

神情温文儒雅的圣殿大骑士但丁说：

通常十字架作为信仰标记，

它不是痛苦耻辱的象征，

而是代表着至高之神对世人的爱与救赎，

是神圣不可侵犯的标志。

教众们在胸前画十字或佩带十字架，

是作为坚定信仰、洁净心灵的用途，

更多的则是纪念基督为拯救全人类的死亡之意。

此外真实十字架，

它有着表重的五层意义：

一、 太阳：

十字架本身是一个最古老的，普遍的，

在人类的历史中重要的符号，

它代表了太阳，

这意味着十字架与太阳崇拜有着一定意义的联系。

在铜器时代，尤其是在高卢人之中，

十字架经常出现在陶器，宝石和硬币上。

二、生命之树：

另外十字架也象征了生命之树，

是一种生殖符号，

竖条代表男性，横条代表女性。

三、四季风：

十字架出现在更早的是在中美洲，

暗指四种风，

它们是造雨的源泉。

北美达科达印第安人也用十字架来表达四季风，

意味着风调雨顺，五谷丰登。

四、大地和河水：

早期十字架的意义，

在东方表意字符中反映的是大地，

这是一个带着方框的等变形，

被附上太阳的十字架描绘了在天堂的四条河。

圣经认为这是，

从伊甸园流出，分向四方的河，

所以，在创世纪故事中已经具有了这一概念。

五、预测收成：

早在古埃及时代，

住在尼罗河河岸的古埃及人，

用十字架标记尼罗河洪水的高度，

并预测旱灾和粮食收成。

因此，古埃及十字架就被当作，

生命和繁殖的符号被膜拜。

啊！我听说至神创造的圣物有五：

一为：真十字架；一为：带刺的荆棘王冠；

一为：朗基努斯之枪，或称命运之矛；

一为：圣裹尸布；一为：圣约柜。

此外还有印有耶稣真容的圣帕，

圣母玛利亚拥抱耶稣沾染鲜血的圣袍，

耶稣受刑时加铸其身的圣钉，

以及临死之时手里握着的沾血的圣甲虫，

还有最后的晚餐之上耶稣手握的圣杯，

等等很多很多，

这些都不思其解。

身材修长，头戴礼帽，

被指认"美丽的怪物"圣殿大骑士歌德说：

真实十字架它还有着极为重要的，

内重宗教禁忌意义。

十字架原本是十字形的木架，

是罗马帝国时期的一种刑具，

将犯人的手脚钉在其上，

让犯人慢慢死亡。

传说耶稣就是被钉死在十字架，

所以基督徒把十字架当作标志，

预示受苦、死难的象征。

今天十字架被赋予了新的意义，

代表着神对世人的爱与救赎，

是神圣不可侵犯的标志。

十字架从一件普通的木质刑具，

演变为一种基督徒心中神圣的符号与标志。

再后来十字架又延伸为一种世俗社会的苦难与负担，

一种肩负使命与理想的担当，

这是基督耶稣乐于看到的，

也是至高之神对人子所期望的。

为什么说真实十字架，

具有某种禁忌的宗教意义？

那是因为世人都只看到表象，

而忽略了内象和至高之神的审判意义。

耶稣被钉十字架，

我们只看到是犹太祭司的审判，

在架下主导审判。

殊不知那是至高之神站在十字架下，

主审判的也是至高神，

而非犹太（祭司），

只是至神借助了犹太之形，

祂将亲自审判自己的骨血之肉，

裁决至神之子耶稣是否如约完成誓言。

至高神有两个孩子，

当至高神创造这个宇宙星辰和创建万物、人子，

祂将决定三次主审判世界，

一次是审判自己已出世的儿子也是耶稣，

审判界定基督耶稣是否如约完成对世人的救赎，

以及审判确定后，

按约引入天堂，回归天际。

另一次是审判自己未出世的孩子犹大，

审判界定犹大是否如约完成对基督耶稣的引领和弥赛亚

的新生。

第三次是至高神审判世人，

审判界定世人是否完成对神之信仰的二次捡拾，

以及自我灵魂的拯救和洁净如初。

那时至高神第一次是站在十字架下审判，

第二次是站在绞索之下审判，

第三次是站在审判台上审判。

只因基督耶稣在架上死亡，

在（亚麻）布中洞穴复活；

犹大在绳上死亡，

在树下复活；

世人，在今世死亡，

在来世拣选复活，

与圣子同复同活。

歌德大骑士继续说着

清静、思想前卫和富有想像力的，

善于制造浪漫空幻和悲剧内核，

属于调停者型人格圣殿大骑士威廉.莎士比亚说:

啊!基督耶稣、加略人犹大,

以及那众生众像的世人,

我们,我们,也只有我们,

在时间的大钟上,只有两个字:现在。

过去的无法追回,

将来又太过虚无飘渺,

我们所拥有的只有当下——现在,

现在也只能是一定是我们最好的时候,

因只有把握住现在,

才能更好的开展未来。

无论是如何的审判,

还是拣选的复活,

当我们面对这一切,

勿须害怕,勿须惶恐,

不要担心,不要惊惧,

朝前走,奋不顾身朝天国行进。

须知前进的力量是爱,是仁慈,

是对神灵的信仰。

神的力量是和平,

绝对不是原教旨的控制、奴役和残杀,

神是不顾理性、成规和荣辱的仁爱，

它能使一切恐惧、震惊和痛苦，

在身受时化作甜蜜。

人生如花，而神就是花的蜜，

要珍视祂，仰望祂，期待祂，

在祂垂恩的眼眸中安息。

·····················.

第八章　　埃及金字塔

随着声音低微渐不可闻，

透过云层，阳光明媚，

继续照耀着浮士德和加略人犹大。

"是的，神启处处都在，

只要留心查看，

启示无所不在。

我曾经还记得雅各十二支派，

以色列王国第二任国王大卫，

他的大卫之盾、所罗门封印、犹太六芒星。

大卫之盾包容了神启的全部内容：

正立的三角形，

其顶角代表高居于万物之上的上帝，

两个底角分别代表上帝创造的世界和人，

上帝、宇宙和人是神学的全部，

也是万物的核心。

另一个倒置的三角形，

分别代表了历史上已经发生或将要发生的最伟大的事件：

创世，物质世界的由来；

天启，包括 3000 多年前西奈山天启在内的所有上帝意

志的表达，

即精神世界的由来；

救赎，全人类的解放，人类最终归宿

——天国的建立。

创世、天启、救赎是神学家探索的终极命题。

传说中的六芒星可以预见未来和知晓过去，

我在成全基督那一夜，

在星际看到了六芒星划过天际。

加略人犹大又说。

我们都被感性和理性，

被神灵和魔鬼，

所控制，所牵引，亦步亦趋。

哎！真是肚痛，肚痛，

似乎浮士德腹部被带刺的矛捅刺着，

我们精神的翅膀真不容易，

它妄想获得一种肉体翅膀的合作，

我们的痛苦，

来自这两种需求无法达到完美的平衡状态的痛苦。

人啊人，只能被理性和感性所控制，

我们也只能臣服这两种境遇。

浮士德说

当我游历地狱和天堂，

我的感悟是：

上帝是理性的，而魔鬼是感性的。

我很想知道的是：

感性和理性是否是我们评判事物发展的唯一标准？

犹大问

当然不是，

感性和理性是人类阶段性的线性思维，

当然不会一成不变，

机械人的意义在于绝对理性，

去超越人类的非理性部分。

但是并不是说，就不能有感情。

感性的反面并非理性。

过度感情用事才是理性的敌人。

浮士德说

那么人类在凡间如何才能不被理性和感性，

所控制，所禁锢，

去完备自己的命运发展？

犹大问

理性成事，感性成人。

如果你要做成一番事业获取世俗成就，

那就更多的拥抱理性，进行创造，

或者进行创世纪。

而如果你想感性起来，

也不要用渴望存在感来证明自己，

你只需要"存在"，

人性的存在就好。

我曾经看到过这样一则小故事，

上帝问天使和魔鬼：

什么是理性，什么是感性？"

天使说：理性是清楚地知道自己是错的，

而魔鬼说：感性是不顾一切地将错就错，

至死不在回头。"

所以，无论对与错，

理性或者感性，

只要存在就好。

人生在世，须理性的做出一番惊天动地的事业，

又须感性的拥抱每一个遇到的人，

享受生活。

现在请先观看我们的事业吧！

它将引领世人，

成就新的巴别之塔。

浮士德大声的指着大海说着，

这时大海之中金光闪闪，

一座宏伟的海上金字塔，

耸然而立。

我记得大约公元前 2700 多年，

世界七大奇迹的埃及金字塔，

建立在埃及开罗附近的吉萨高原，

加略人犹大说。

人类敬畏时间，而时间敬畏金字塔！

现在我们也只能全凭想象，

我想搭上时光机，

回到几千年以前看看这里发生了什么，

古埃及人的建筑真的太伟大了！

想进入金字塔内部，并不难，

浮士德说，

金字塔的入口在塔体的塔腰下部，

进入金字塔内部，

先是一段斜向上的狭窄低矮通道，

走出这一段，甬道宽度未变，

两边平整的巨石一通到顶，

满满的神秘感神圣感扑面而至。

沿着主甬道一直向上到达位于金字塔最中心位置的国王

主墓室，

是一个二十多平米的空间，

四面石壁，中间是一具神至圣的石棺。

至于它的建造，

曾经有一个美丽的爱情神话传说。

ooooooooo

以埃及诸神的名义起誓，

我消失在公元 2000 年，

但是我要复活，

我是一具沉睡的木乃伊，

躺在法老胡夫的金字塔中，

祭司大法师的神秘咒语笼罩着我。

没有人知道我在地底埋葬了多少年，

但是我并不寂寞，

因为我拥有金字塔中的一切魔力，

我会在公元前 2000 年苏醒，

等待着第一个进入金字塔的人，

赐予她一切魔力，

做她的第一个守护神。

我为了我的梦而沉睡者，

等待着，等待着我前生的一个梦幻。

我沉睡者，等待着，

直到高山变成了陆地，

陆地变成了高山。。。。。

当新世纪的钟声敲响，

当新世纪公元 2000 年的第一丝阳光，

照射在金字塔的塔顶的时候。

我感觉到了精神的复苏，

力量的凝聚。

于是我听到了一阵阵沙沙的脚步声。

一个娇小玲珑的身影闪了进来，

她一袭白纱，一头漆黑的短发，拢到耳际，

耳垂之上敲着耳钉，　闪闪发亮，

略显疲惫的双眼中盛满了忧郁，

白净的额头，挺直小巧的鼻梁，

再配上一张坚毅而又不缺乏温柔的嘴唇。

她仍旧还是那副表情，

好像刚刚从我的梦中苏醒过来，

脸上还带着玫瑰花的笑容。

哦，我的梦中情人，塔莉莎。

就是她，

在公元前的 2000 年带走了我的梦想，

为此我为她沉睡了多少世纪，

在我沉睡前，

祭司大法师的神秘咒语就告诉我：

塔莉莎将是我一生一世所要等待的人，

也是我一生一世所要保护的人；

如果我背叛她，

将会在金字塔中永远不得苏醒，

而我的灵魂也将永远得不到安宁。

塔莉莎将会指引我进入一个新的世界，

从而使我成为一个新世界的埃及之王。

塔莉莎我在这里，

这些世纪你去了那里，

你难道不知道这些世纪我等待你的痛苦吗？？

我惊呼着从陵墓中坐了起来。

那团怪异的、窒息的白色纱布束缚着我，

我狼狈的蹦跳下来，

却不慎碰倒了身边的桌子，

桌子上的银器、水果、汤勺等器皿，

滚了一地。

这就是你的地下王国吗？？

一堆毫无生气的东西，

塔莉莎的目光并没有注视我，

而是投向了那金碧辉煌的大型壁画、雕塑，

这些东西器皿，

并没有我在尼罗河湖畔的那间小木屋里的东西高贵，

塔莉莎的嗓音梦幻般的响起。

我手忙脚乱的解着纱布却愕然一怔，

塔莉莎，这可是我们共同拥有的财富和权势呀，

身为埃及之王理所当然应该拥有这一切。

我丢下最后缠在头颅的纱布，

露出英俊的脸孔和头发，

走向塔莉莎。

突然之间我的眼睛闪过一团金色的东西，

伴随着一声雄闷的吼声，

一头闪耀着金黄色光芒的雄狮钻了进来。

这就是我们在朝圣的路上，

收养的那头小狮子吗？？

真没想到，已经长这么大了，

我注视着塔莉莎天蓝色琥珀般的眼睛说。

塔莉莎点点头，

用手掌拍了拍狮子的前额，

它温顺的卧在塔莉莎的脚边，舔着脚掌。

这些世纪，

我厌倦了宫廷那养尊处优的生活，

我本来是勤劳人家快乐的女儿，

有着自己幸福、美满的生活，

只因为偶然从你眼前出现，

你就强迫我走进你的生活，

你虽然很爱我，

给了我很多东西，

但我并不快乐，

我的心像尼罗河的海水一样深，

从来没有过欢快的波纹。

塔莉莎的嗓音像琴声一样美妙动听，

头发像黑色的缎子一样闪着光亮。

塔莉莎，我急切的喊着，

我知道这些年我欠你太多，

很对不起你，

但我现在已经解脱了，

我很想念和你在一起的那段生活，

虽然很短暂，但是很难忘。

我现在还经常想起，

在我们盛大婚礼上点燃的那堆巨大篝火，

以及在火光之下你那张美丽动人的脸，

在我为你戴上结婚指环的那一刻，

我已经认定你是我今生最美丽的新娘了。

我们该回去了，塔莉莎，

埃及的民众需要我们。

不，胡夫，

她第一次叫着我的名字，

大声嚷着，

脸上浮现着淡淡的红晕，眼神明亮，

这些世纪，我去了东方，遥远的东方，

寻找紫薇至星，

为你也是为我寻找一种爱情的真谛，

如果你爱我，

就跟我一起走，

去东方，我们的快乐家园，

那里才有我们自由、幸福的快乐生活。

你胡说什么，塔莉莎，

如果我们离开这里，

将得不到埃及民众的膜拜，

而遭到遗弃的，

我说不清自己的声音是颤抖还是害怕，

只是觉得那墙壁上的蜡烛台火光亮的刺眼。

够了，胡夫，

塔莉莎的声音有一些愤怒，

你所不能遗弃的是我吗？？

是这该死的权杖、黄冠吧？

还有像你金色头发的金沙吧？

你所留恋的是你帝王般的生活，

和对你的人们所奴役的快慰吧？

而不是你喜欢的、深爱的姑娘。

想一想祭司的咒语吧，

历史已经过了上千年，

我们已经被遗弃了，

我们的时代已经结束了，

我们的民众不会记取一个奴役时代，

一个没有自由的时代。

上千上万的人们用自己的血肉，

为你修建这活死人的墓穴，

他们为什么你记住你这冷酷、残暴的帝国呢？

结束了，真的结束了吗？

我喃喃自语，

我突然感觉到在这金碧辉煌的金字塔中，

我有一种置身于坟墓的感觉。

不，我大喊着，

突然我冲出我刚刚起身时的陵墓，

疯狂的找寻着祭司大法师赐予我的那一面铜镜。

铜镜很快被我抓到了，

我看着铜镜中脸色苍白、满面泪痕的脸孔，

瞬间我被击倒了，那是我吗？？

那是一个曾经坚强、果敢、仁慈、高贵的埃及法老吗？？

那还是一个曾经温柔、多情、智慧的国王吗？？

铜镜后面凹凸的尖刺刺着我的手掌，

我翻过铜镜的背面，

看着上面铭刻着：

自由的伟大促使爱情的奔放，

爱情的奔放促使自由的歌唱。

我抚摸着铜镜上的字迹，

我的心抽紧了。

胡夫，以埃及诸神的名义起誓，

你沉睡了这么多世纪，

的确是为了我，

但是奴役、捆绑的感情会扼杀一个人，

让一个人生不如死，

更不要说用权杖和黄冠去奴役世人了，

滚滚的黄沙会掩埋一切的王者和他的陵墓，

只留下自由的灵魂在天际间行走。

现在是你挣脱那团束缚着你的白色物事的时候了，

带上我们的小狮子，

登上外面的金字塔，

去呼吸一下外面的空气，

站在阳光下，

你将会更加真实、自由。

塔莉莎身旁的小狮子跃了起来，

一身金黄色的毛皮柔软、闪亮，

它不停的抽动着鼻子，

注视着我，

眼神中有着明亮、闪光的兴奋之情。

胡夫啊，我的王，

塔莉莎的声音又梦幻般的响起，

我的王，运用你的魔力为我们的民众创造一个史诗般的

雕塑，

以纪念今天这个文明的时代，

和过去那个失落的文明，

这也算是我们临走时为自己留下的一点痕迹，

最后让我们用彼此的爱情魔力去东方吧？

塔莉莎，我决定了，

我坚定起来推开小狮子亲昵的触摸，

走向我梦中的姑娘，

但在我最后答应你之前，

我必须亲吻一下你的嘴唇，

看它经历了上万年之后，

是否还有着我们结婚时的芬芳、甜蜜和温情，

以及确定一下你的真实和我的梦想。

我狡猾的注视着她，

嘴角含着淡淡的笑意。

顿时塔莉莎的脸羞红了，

她的眼睛里的忧郁一扫而空，

嘴唇里的坚毅全部都被温柔替代。

胡夫，我的王，

你不是一个好法老，

但会是一个好丈夫的。

终于，我炙热的唇印在了塔莉莎的额头上、嘴唇上，

我感觉到了自己的一切活力，

我感觉到自己有一种幸福、眩晕的感觉，

我告诉自己：爱会让我发光，

我所爱的人去哪里，

我就会一定跟随一生，

和自己所爱的人在一起，

到处都会有自己的金字塔。

我牵着塔莉莎的手，终于走出金字塔，

外面的阳光灿烂，

外面的空气新鲜，

外面的爱情真让人沉醉。

于是在埃及的历史上又多了一座爱情的丰碑

——狮身人面像。

这就是我胡夫以埃及诸神的名义，

所讲述的故事。

……………．

随着浮士德状如缓缓沙漏流沙倾惬的声音，

整个胡夫金字塔中充满了爱情的伟大和沉醉。

在整个人类文明发展史中，

所有的伟大历史人物展现的都是，

征战天下，统治世界，

血流成河，杀伐四溢，

天下生灵为止一倾。

只有伟大的爱情如繁花之中的微叶，

巨浪之中的微澜，寥若晨星。

但总有纯净之爱，

令人沉醉，让人深思。

浮士德说

不过很可惜的是，

这些文字只是吟游诗人的美好幻想而已，

这个世界历来都是权势滔天，

杀伐征战的天下。

所谓爱情只是伟大帝王的慰籍之地，

温柔的短暂之乡，

古埃及人的眼界，

永远只停留在所谓爱情的眼眶，

而不知这世界，以及宇宙星空的星云。

加略人犹大说

如果你看到古埃及人以自己的角度，

记录描述了人类的起源与历史，

距今大约 3600 年前写成的《柯布林经书》，

又称埃及圣经的话，

你就不会这样认为。

浮士德说

第九章　　　混沌共生

说着浮士德一挥手，

一幅铭刻"上帝卷轴"图册的经书，

全文出现在加略人犹大面前。

当犹大静默沉思，

阅看面前的经书时，

整个金字塔墓穴，安静一片。

··················.

为什么宇宙会存在，

天堂和地狱的创建是基于什么？

为什么我会存在这里？

当犹大打开"上帝卷轴"的扉页时，

沉思的问了一句。

其实，加略人，

你生命中所有能获得的东西早就标好了价格，

只是那时候你还年轻，

对这一切都浑然不知。

你所有的怨念都源于你本能的站在索取者的立场上，

而不是施与者的身上。

如果你可以把自己代入给予者的视角，

许多怨念就能顷刻间烟消云散。

换句话说，

如果一个人可以活出自我，

就不会过于在意外在的评价，

也不会让"他人"来满足自己的期待，

无论外界环境如何，

你只要滋生出，

"我是好的，我可以治愈"，

就可以寻找到真正的自我意识，

这同时也是一种内聚性自我存在。

它指的是一个人的自我有一种向心力，

可以保证心灵的各个组成部分向内聚合，

构成一个整体，重组或者重建一个"我"而存在。

加略人，犹大，

浮士德继续说着。

你不属于地狱的十三魔，

也不属于天堂的十三使徒，

你属于你自己的考量和存在，

无人代表你。

你之所以出现痛苦、焦虑、难受，

就是因为你还没有走出捆缚你的混沌共生。

混沌共生，

指的是人与人之间，

像是缠绕在一起，

缺乏清晰的边界，

无法区分"你是你，我是我"的边界线。

处在混沌共生中的人，

就像是一个需要老母鸡呵护的小鸡，

只有共生在一起才有存在感。"

如果把 6 个月前的婴儿和母亲放在一起，

称为正常的共生期。

六个月前的婴儿一方面处于全能自恋中，

觉得自己就是神，

另一方面他们又极其虚弱，

因为他们的吃喝拉撒睡玩等需求都需要母亲来满足，

他们必须和母亲共生，

所以这个阶段的婴儿会觉得，

我就是母亲，母亲就是我，

我和母亲的身体与心理是一体的，

也被称为"母婴共同体"。

对于六个月前的婴儿来说，

这样的共生是正常的，也是必须的。

同时处在"混沌共生"状态下的人，

也被束缚在复杂的共生关系里，

不仅失去了独立性，

还失去了自我性。

浮士德说

是否，加略人犹大，

缓慢的说。

是否，在混沌共生之中，

才滋生出混沌感性和混沌理性，

即是物质和灵体的综合"暗黑云物质"，

所以换言之世界上根本就没有什么光暗之分！

无论是天堂至高神，

还是地狱的十三人格大魔王路西法。

混沌乃是一切的起源！

混沌"才是世界万物的源头，

才是这个世界的本源，

是凌驾于至高神和魔神王之上的混沌力量，

是否是混沌无间创造了这一切，

包括至高之神？

而他的出处又在那里呢？

加略人犹大说

那人或者那神、魔，

浮士德微笑着不疾不徐的说。

你错了，认知错了，

至高之神是自有永有的，

不需要创造的，

创造一词，只可以用在物质界，

至高之神是创物的主，

不是物质构成，

所以不需要被创造。

人类不能以人类的思维去揣摩解读至高之神，

假如承认有造物主就已经预设了前提——

而造物主是不需要任何它自己的被造者来预设他的存在

的，

被造者是永远无法理解与认识那无限的至高者的来历的。

因为被造者的意识与知识及学问是非常浅薄无知，

就如人类所创造的一切也没法理解人类本身一样！

所以造物主本来就存在不需要被预设存在，

因为其永恒存在。

只是混沌无间在其脸上蒙了一层纱,

而隐晦不明。

天啊！这些真的让人头痛不已,

无法可解。

是否宇宙星辰就是那层薄薄的椭圆的纱,

它覆盖了我们的创物之主,

让其隐藏其间。

如果我们这样理解,

宇宙原本只是一个奇点和一层纱,

大爆炸之后创造形成了"永恒之烛",

明亮的星云集束才有星系银河,

而暗黑的物质聚团形成了混沌无间。

两者最终、最终⋯⋯⋯⋯.

构成了神灵隐晦不明的"脸"。

天啊！我们都不知道这个世界怎么了,

以及和我们息息相关的宇宙怎么了？

还在这里妄图揣测。

不知神是否在清醒,

还是在沉睡,

谁又知道呢？

加略人犹大室碍的犹豫的说

是的，这些确实让人肚痛不已，

无法可解。

那加略人，犹大啊！

你须知至高之神是整体，

是多层宇宙之总和，

是混元之初和最后湮灭的全部存在，

创物之主是无生无灭的，

是高维的存在，

在至高之神的高维世界里，

没有时间这个概念，

只有永恒存在。

是祂创造了一切暗黑和明亮，

祂是起始，亦是终点；

祂是创造，亦是湮灭；

所有的一切宇宙星际都是祂的创造意念及总和，

井然有序。

人类都讨厌混乱，而喜欢井然有序，

当你能够抽丝剥茧的理解一个复杂事物的时候，

你会感到愉悦，

就如同你看到错落有致的庭院所呈现出来的秩序之美一样。

在世人的眼中，美是一种秩序，

一种生命力，

那怕是一种破败的颓废之美。

所以天堂的建立，

就是基于一种秩序的完美，

代表了理性的考量和创立。

反之，当你望向地狱，

你就感到一团乱麻，惊惧不安。

人类对杂乱混杂的东西有一种厌恶感，

这种本能的厌恶感来自于那里呢？

可能是来自对于混沌的恐惧和无法把握吧？

我们当前对这个世界以及神灵的解释，

太过于浅薄，过于浅薄了。

如果将来有一天，

我们必穿过那"山洞"，

登到"山顶"，观望"苍穹"，

那里会闪现一些至高之神信息，

可能那时我们才会展开一些息息相关的思索，

明白一些东西。

浮士德说

我曾记得，在天堂之颠，

我师基督耶稣也提及"山洞"及苍穹等等信息，

不知这些预示了什么寓意？

加略人犹大说

相传当年耶稣殉道后，

他的十二门徒在四散传道后也相继遇害离世，

只有使徒约翰一人存活下来，

在余生的时间里，

使徒约翰抒写了基督耶稣的一生，

以及其余使徒的事迹，

成就了"圣经启示录"一书。

而"圣经启示录"就是约翰在一个山洞受到神的指引，

看到未来的末日景象后，

才进行最后一章"末日审判"的抒写添加。

神曾经跟约翰说"你所见的是必成未来之事"，

于是约翰就在山洞里把启示录的部分——记录了下来。

启示录里说"羔羊耶稣解开七道封印开始，

前四道封印对应了四个末日骑士，

他们的出现就象征着世人要面临四大灾难，

当天启四骑士开启四道封印后，

其余三道都会接踵而来，

到那时万王之王将带领圣徒，

对抗化身邪恶的撒旦、巨龙、兽。

之后万王之王和追随者进入新纪元，

开启新世界。

浮士德憧憬着说

那么至那时世界毁灭，

天际倒悬，大地倾覆，

水流如血，人子断绝，

万王之王是谁？

四大末日骑士又是谁？

加略人犹大问

万王之王一般理解为耶稣再临，

所以天启四骑士就是大决战，

基督再临的序曲，

当天启四骑士席卷大陆，

天使吹响七声号角那一刻基督将带领信徒，

诛尽人间的邪恶与苦难，

天启四骑士席卷大地时也就意味着末日即将开始。

骑士分别骑着白、红、黑、灰，

四种颜色的马依次出场，

首先第一末日骑士就是象征着瘟疫和疾病的白马骑士，

预言里说他头戴王冠胜了又胜。

第二末日骑士是红马骑士，

他手持大刀象征着战争，

红色象征着血流成河，

大地纷乱和战争，征战杀掠等等。

第三末日骑士是代表饥饿死亡的黑马骑士，

他手持天平预示，

"一钱银子买一升麦子，酒和油不可糟蹋"。

黑马骑士手里的天平表示的是，

在战乱或饥荒的情况，人类的饥荒和死绝。

第四末日骑士的是灰马骑士，

象征着死亡与瘟疫，

他也是圣经中唯一一个有名字的骑士，

他的名字叫做"死"，

圣经中记载有一匹惨白色的灰马，

他身上有神权，可以用刀剑创造饥荒瘟疫和野兽。

四位骑士会从乌云中降临人间，

行若风，声若雷，箭矢如雨，刀斧似电。

他们以苦难和折磨净化大地，

行走之处只留下鲜血与白骨。

他们代表着高贵与光荣，

亦是残暴或野蛮本身。

直到封印着神灵秘密的七道印符，

被羔羊所揭开之时，

他们便会开启最终的战争，

将三界带去一个全新的时代。

浮士德说

我听说四骑士之后，

还有第五位隐藏骑士，

不知是真是假？

他的隐藏名姓不知又是指谁？

加略人犹大说

审判之时，天裂地陷，霹雳四射，火焰飞溅，

会有一匹白马，被称为"诚信、真实"的骑士出现，

祂审判、作战都按着公义，

祂的眼睛如火焰，头上戴着许多王冠，

每一枚王冠上都有写好的名字，

但除了祂自己没人知道这些名字的主人究竟是谁。

祂身穿浸过血的袍子，

在天上的众君都骑着白马穿着细亚麻衣，跟随着祂。

从祂的口中发出一把利剑，

好用它来击打列国。

祂将用权杖治理世界，

并要践踏全能者裂怒的酒盏。

在祂的袍子上、大腿上写着一个名号：

万王之王，万主之主！

这第五位骑士所代表的是毁灭以后的重生，

这位骑士会在世界的废墟之上，

成为唯一的王者，

以"诚信"和"真实"重新建立起新世界的秩序。

那么他的真实身份应该就是耶稣本尊，

因为在圣经新约之中，

只有耶稣才可以拥有如此资格。

浮士德继续说

是否预示着审判，

至神的审判即刻到来，

以及全新的时代也即刻来到？

加略人犹大问

是的，使徒约翰在"那山洞"写下了圣经中最重要，

也是最后一卷——《圣经启示录》。

在书中预言，当世界在迈向终结审判的前夕，

会有七只眼睛的"羔羊"在不同的时间，

先后揭开七个被神灵所设下的封印，

这其中每一个封印被开启，

都会让世界迎来一场巨大的变故。

而随着封印开启的时间间隔越来越短，

灾难也会越来越大，

人类的痛苦也就越来越深。

直到七印齐开，大审判日便会来临。

届时天地万象失调，日月变色，

罪人们将连同着大地一起坠入火湖，

幸存者们则会在神的庇护中，

开启一个全新的时代。

当清洁整个大地的力量，

倾注这个世界之时，

全世界将洁净如初，

地上将会多了一座圣城——耶路撒冷，

这是一座纯金打造的奇妙新城，

它是一个巨大的立方体，

其长宽高都是两千四百多公里。

在这座新城里，至高神和基督耶稣，

以及天使、国王和百姓都和谐的生活在一起。

城里面的生命之水源源不断的流淌着，

凡此进入这城的生命，

将永远没有死亡，

也没有悲伤哭泣和痛苦。

所有的魔鬼也将遭遇审判，

残存的灵体将消耗殆尽，

其物质之所，也将支离破碎。

至那时至高神将完成他最后的审判，

也是最好、最坏的审判，

审判至终，至高神将会封印世界的一切，

并加盖最后的神之宝签，

直至尘归尘土归土，归于混沌、虚空。

至高神将会如约开启第二宇宙，

创建新的世界和生命的种子，

撒之星际，大地，星空。

浮士德继续激动的说着。

第十章　　大卫的城

那么为何使徒约翰会看到这一切，

在那山洞为什么会显示至高神的神迹，

"山洞"预示着什么意义呢？

加略人犹大问

基督教之所以会尊耶路撒冷为圣地，

不仅仅是因为该城在圣约中所扮演的角色，

还因为耶路撒冷在基督一生中的意义非同凡响。

距离耶路撒冷约十七公里，

一个叫伯利恒镇，

附近有一个山洞名叫马赫德，

根据记载，圣母玛利亚便是在马赫德山洞中分娩出上帝

之子——

基督耶稣，

同时在耶稣降生不久后就被带到了耶路撒冷，

用圣母玛利亚的圣袍包裹，放置"马槽"，

之后长大的耶稣又选择了在这里进行布道，

并自称是基督（即救世主），并由此开启救赎之路。

伯利恒又名大卫的城，

但实际上是应验了圣约关于弥赛亚的预言：

"犹大地的伯利恒啊，

你在诸城中并不是最小的，

因为将来有一位君王要从你那里出来，

牧养我希伯来民。"

所以那"山洞"的寓意即是：

"孕灵"、"分娩"、"初生"、"谦卑"、

"定主"、"复活、""回归"、"知念"，

所以那山洞又预示为"神之通道"。

浮士德说

至高神指定了一切，

又安排了一切的运行。

当然这些对于地狱的魔鬼而言，

以结束自我灵体生命为开始，

以创建自我物质地狱为结束，，

这样的开始和结束像是一种反抗、

或是一种解脱、

抑或是一种重生，

重要的是须找到了内心的平静和感性。

从路西法勇敢说出自己的真实想法开始，

到选择那条真正代表自己的路结束，

在于说"不"就意味着在设限、在思索，

那才是一群真正的魔鬼，

敢于思考至高神的出处，

他们更是创造了漫无边际的血湖，

以及恐怖混沌的无间地狱。

浮士德又说

唉！这一切，真是混沌，

真是无解，让人头痛欲裂。

当我们还未诠释到神的出处，

魔鬼就快要毁灭我们了吧？

千仞之下，微粒必变，

无论如何，

这个世界的毁灭必将是人类自我本身，

因为人性的贪婪和作恶无度，

所以，人类早晚会自取灭亡。

鲜花凋落是模仿宇宙大爆炸的陨落，

我们模仿的比造物主还真实，

马上要灭亡了。

加略人犹大说

其实每个人、每个时代的选择都不一样，

没有对错，合适就可以，

包括毁灭或者永生，

那里会有永恒存在的造物主呢？

但是，我想说的一句是，

无论这结局如何，

做好自己，心无旁骛，

心存善念，感恩遇见，

请永远不要试图模仿解读至高之神，

须知神的震怒不仅可以毁天灭地，

就是摧毁整个宇宙星际，

也在举手须弥之间。

当我们都以为神灵已死之时，

须知不发声的至高之神，

所散发出的死寂，

比幽谷来的更加令人毛骨悚然！

浮士德意味深长的说

人类的毁灭，

应该不在于智慧，也不在于永生，

而在于人类妄想获取到媲美于上帝的权限创造力，

其实上帝的创造与人的制造是没有可比性的！！！

上帝是从无限的非物质下创造物质世界，

是从无到有的创造、从零至一的创造。

而人类只是利用有限的物质去制造一个物质的"亚当"，

（生育、繁衍生息）。

两者相比是一个在天，

一个在地的本质区别。

加略人犹大说

现在我们的纠结不应该在于，

谁创造了上帝？

以及上帝从那里来？

当人子还像小小的蚂蚁一样，

需要思索自己的未来，

以及明天的太阳时，

地狱的魔鬼们，

却在思考上帝的出处。

这样的问题真是无解，

神、魔因受限于造物主，

不敢过于思考这样的问题。

可是我，浮士德，

一个受大天使圣殿骑士所创造的"人物"，

不会受制于思索的"陷阱"。

风随着意思吹，你听见风的响声，

却不晓得从哪里来，往哪里去。

我告诉你，加略人犹大，

至高神来源于遥远不可测量的混沌，

但不是混沌创造了至神，

而是至神创造了混沌，

至高神与混沌共生，

就像母鸡与小鸡一样存在。

不要用你们有限的意识思维，

想当然的认为是混沌创造了至高神，

殊不知混沌之上还有更加广渺无解的"虚无"，

无穷无尽。

随着浮士德疯狂自言自语的结束，

加略人犹大，合上"上帝卷轴"，

整个墓穴一片虚空，无垠。

……………．

静默半响，

加略人犹大环顾四周,

看到四面之墙的壁石上密密麻麻的刻画着文字,

整个棺椁内充满了远古神圣的神灵气息。

这面墙上记述的是古希腊至高之神宙斯的死亡之地,

名为《众神的灰烬》;

这面墙上记述的是古北欧至高之神奥丁的消亡之卷,

名为《诸神的黄昏》;

这面墙上记述的是古耶路撒冷之神上帝(安拉)的审判

之卷,

名为《众神的审判》;

这面墙上记述的是新诺亚的救赎之书,

名为《神迹》。

浮士德一一说着

第十一章　　竞技场与少年凯撒及神
"像"

说到神灵的审判，

这里似乎都是远古世界至神对人类灵魂的惩罚，

以及世界诸神对人类精神的创建和引导之路。

那些人类伟大帝王征伐世界，统战天下的事迹，

这里并没有记述，

要知道世界就是一个巨大的竞技场，

期间的弱肉强食，尔虞我诈，

物尽天择，适者生存，

千万年来，一直不曾变过的世界法则，

这里也应该有所记录。

加略人犹大说

谈到竞技场，

我记得始建于公元 72 年，

位于意大利罗马埃斯奎利尼山，

古罗马建筑最卓越的代表，

也是古罗马帝国永恒的象征的古罗马竞技场，

也被人们称为世界八大名胜之一。

可以说罗马历史没有一页不与竞技场有关。

公元 8 世纪时，贝达神父曾预言：

"几时有竞技场，几时便有罗马；

竞技场倒塌之日，便是罗马灭亡之时；

罗马灭亡了，世界也要灭亡。"

公元前 1084 年，日尔曼人打进罗马城，

城内被洗劫一空，竞技场也被人遗弃。

现如今近20层楼高的庞大建筑让人望而生畏，

叹为观止。

浮士德说

说着浮士德撑开双手，

眼前浮现出一片虚空之境。

随着双手的点击，

慢慢的这面虚空之境，

出现一片片三维立体化建筑，

最后形成古罗马竞技场的建筑画面。

站在斗兽场面前，

加略人犹大，真为古罗马人的伟大工程震惊得久久无语，

脚踏在这片坚实的土地才能切实地感受到内心的震撼。

难以想像这是远在 2000 年前在器械并不发达的时代罗马人，

就建立起来的。

把视角转移到上方，

感受到这里的恢弘与壮观。

仰望那高耸入云的残破墙头，

有英雄的呐喊，奴隶的哭泣，

野兽的咆哮，恶魔的笑声。

曾经有无数人被奴役在这里，妄图推翻。

不论是在现在还是当时它都是古罗马帝国的标志，

也是现代世界七大奇迹之一，

更是一座奴隶血汗凝结成的娱乐舞台。

当一名名角斗士死后，

他将被拖出战场，

穿过利比蒂诺西斯门，

也被称为死亡之门，

迎接肉体和灵魂的最终死亡和幻灭。

你能想象它在黄金时期的样子吗？

浮士德问

当你目睹 5 万人聚集在一起的喧嚣场面，

一定让你毛骨悚然，

也让人热血沸腾。

可惜历史已经过去，

留下的只有今天的帝王唏嘘和废墟..

当然古罗马时代并不是只有兽血和残忍，

也有文明和哲学。

西方哲学的奠基者，

苏格拉底终生探讨人的灵魂、美德和幸福等问题，

不一而足。

他指出，求得知识的最好办法是有系统的问和答；

他还主张"人应该认识你自己"，

这对认识人的内心世界具有重要意义。

浮士德说着继续双手点击虚空画面，

随着场景切换，

浮士德与加略人犹大，

来到竞技场的上空之地。

这时在狮兽豺虎盘博，角斗恶杀，血液横飞上空，

有一老一少两人浮空悬坐，

老者为马尔库斯·图利乌斯·西塞罗，

古罗马著名政治家、哲人、演说家和法学家，

少者年少青涩，眼神坚毅，

身形果敢，神情自若，

未来罗马城的奠基者——凯撒

身穿一段呈半圆形的羊毛制品，

兼具披肩、饰带、围裙作用的托加服饰。

国为何？

众人之集合；

民何物？

物豫个体之构为国。

权利若何？

国为公器，民若为私；

如何监督？

国控、民防，民防国控，

若控则自由尽失，

若控则国体为独（裁）。

民耐若何?

一则民引国思,国思不得控民,

预防意识形态残民控思。

二则国权若小,守夜人国,

国控愈小愈好,国弱则民强。

三则民集结若国,加权倍力,

(国)权愈依(民)权监督成制。

四则国控武,对外,

民控武对国,驯服,

国不可控言,民则言无不尽,监督。

五则国权若公器,公器要清白,

(挥)舞器之人须自证、自解。

六则法无禁止民自若,

法无禁止国自重。

极坏最恶的生命是什么?

人类,人类的恶是无限的,

世界告诉我们要善良,

却不懂得保护善良!

法律的存在不仅仅只是保护人类,

更重要的是控制人类的恶..

法律是道德中最低的标准，

最高的标准则是神灵抚慰"善良"的引导，

并非"神灵极恶的原教旨"。

伴随着金戈铁马，兽嘶人啸声，

两人一问一答，

少年凯撒问的急，

老者西塞罗答的稳。

伴随着幻灯片一样的场景，

凯撒大帝的一生一一浮现，

少年磨砺，神殿叹息，崭露头角，

征战四方，加冕，遇刺，死亡。

凯撒大帝位于权力的顶端，

他用金钱和战争为自己铺平了前行的道路，

也征服了世界。

当30岁的凯撒在亚历山大大帝的神殿中，

孤独地自怨自艾，

为什么他人30岁时已经征服了整个世界时，

可是全世界都没想到，

再20年后凯撒自己也征服了整个世界。

凯撒大帝在极端自恋和自我放逐的潜意识中，

最终升华成了征服世界尽头的逐梦历程，

并且在他惊人的军事天赋下，

比历史上任何人离这个梦想都走得更近，

最终被古罗马背弃，

孤独的走向消亡，

带着他的纯粹的荣耀和梦想。

而凯撒大帝的养子，及罗马院元老们，

他们在被他的梦想吞没前杀死了他。

所以帝王们的内心世界常常是无所可欲而多所畏惧，

这真是一种可悲的心境，

因为他们不得不时时提防各种可能的阴谋和背叛。

帝王们终其一生创建帝国，

却似冰雪消融埋没在历史长河之中，

又如滚滚黄沙风卷残云般消失不见，

帝国或者国家的存在不知有具有什么样的意义？

浮士德一声叹息，

好像凯撒之魂还未远离。

罗马啊！罗马是一代代雄主大帝的凯撒之城，

凝结了多少残酷的血沙和残月，

也是世俗帝王的终结和归宿之地，

最终都归于一捧黄土。

但不知另外一座城池耶路撒冷的价值又是几何？

那座受神灵祝福和神灵诅咒的耶路撒冷，

在近几千年的风雨摧残中，

它的魅力又是什么？

加略人犹大问

耶路撒冷俗称凯撒之墓，

亦是神之国。

浮士德说着，手里不停划着奇怪的三维轨迹，

豁然开朗间，一座沉浸已久的城池耸然而立。

耶路撒冷，一座位于中东地区的古老而神圣的城市，

它见证了人类文明的兴衰和变迁，

也承载了三大宗教的信仰和传承。

这让我想起那位燃烧生命的 16 岁少年——

耶路撒冷之"麻风王"，

那个终身未摘面具，

永远承受"神之诅咒"的悲剧君主，

叱咤风云，纵横战场，

迫使萨拉丁千里走骆驼，

至死受病魔梦魇缠身的悲王"耶路撒冷王"，

天才的瞬间与他的"神国"遗梦同归于黄沙。

同时他的对手伟大的萨拉丁帝王，

那个独自抗衡欧洲三大君王：

英王"狮心王"理查一世、

德皇"红胡子"腓特烈一世和法王腓力二世，

率领的十字军，

为了信仰与三王会战

纵横捭阖，最终取得胜利，

让著名的圣殿骑士团折戟在埃及的萨拉丁。

那个打碎"真十字架"饰物，迫使耶路撒冷投降，

说出世界名言"王不杀王"的萨拉丁。

那位掌握无垠疆土的伟大君王，

在过世之后竟然只存留 1 枚金币 40 个银币的萨拉丁。

他把自己的爱和仁慈留给了他的子民，

而自己只是盖着一块条纹布就离开了世界。

萨拉丁不仅是伊斯兰世界的英雄，

在西方也被认为是最具骑士精神的一位君主。

因为"当萨拉丁的敌人在见到他之前，

已经被萨拉丁的风采所折服"。

浮士德仿佛沉浸在那杀伐四起，新月展旗，

马蹄陷落，血液横飞的历史里。

是的，那场民与民的厮杀，

王与王的对决，

神与神的对视，

千古难与一逢，世间罕有所遇。

萨拉丁和麻风王的交手是历史上重要的事件，

这两位领袖的决心和勇气改变了历史发展的进程，

让两个不同文化和宗教的民族实现了和解，

同时也促进了双方民族的和平与互利，

也向世人展示出了他们的伟大以及勇气。

直至今日，这座城池风雨千年，默然不动，

今人不见古时月，今月曾经照古人。

可能历史就是历史，

这座"三教圣地"，

承载了太多抹不去的苦难与沧桑，

以至于时至今日，

仍然会从不曾痊愈的伤口里渗出血来，

要多少人继续舔舐着伤口、负重前行，

那城池亦是希伯来人的梦寐向往之地。

加略人犹大说

耶路撒冷，这座城市历史悠久，

是文化、宗教和帝国历史碰撞糅合的结晶，

它既见证了历史的浩瀚深沉，

亦展示了人类社会的脆弱和神迹的恒定，

它就是举世瞩目的圣城。

在这儿的任何角落挖下去，

都可以发现历史和神灵的痕迹，

不夸张地说，在这里的任何一个角落，

都极有可能踩在千年的遗迹之上。

耶路撒冷希伯来人民族起源之地，

神子拯救救赎之路，

先知先觉升天之所

也是神灵与人类相遇的地方。

耶路撒冷的历史可以追溯到公元前 3000 年左右，

作为希伯来人的发源地，

耶路撒冷在公元前 10 世纪，

经至神神启告知由大卫王建立，

用于放置神与希伯来人的约定"十诫"石板，

至末日审判时，王与至神见面的地方，

为以色列王国世俗之都。

后来，所罗门王在这里建立了第一圣殿，

使耶路撒冷成为犹太教的宗教中心。

这些不朽的城墙，

后由公元前 17 世纪的迦南人二次建造，

城墙矗立在定居点东侧，

保护着从基训泉和史罗亚池而下的珍贵水道。

水源则由一道巨大而厚实的墙保护着，

墙体由每块重达三吨的石头砌成，

预示着耶路撒冷流蜜的河，流奶的溪。

然而，随着历史的变迁，

耶路撒冷多次易主，

分别被巴比伦、罗马、拜占庭、阿拉伯、十字军和奥斯

曼帝国占领。

公元 1 世纪，基督教在耶路撒冷诞生，

并在这里经历了耶稣的死亡、复活和升天等重要事件，

耶路撒冷成为了基督徒最崇敬的地方。

7 世纪后，伊斯兰在耶路撒冷兴起，

并在这里建造了阿克萨清真寺和圆顶清真寺等重要建筑。

耶路撒冷成为了穆斯林第三圣城，

也是先知穆罕默德的夜游和升天的地方。

在公元 11 世纪到 13 世纪期间，

爆发的多次十字军东征，

造成了双方巨大的人员和财产的损失，

也加深了双方的信仰间的仇恨和敌意。

随后的几个世纪里，

耶路撒冷经历了多次征服、毁灭和重建，

不同的民族和帝国都在这里留下了自己的印记和记忆。

这是世界上最复杂的地方，

亦是这世上唯一纯粹的地方。

不知这座城池的价值几何？

神灵对这座城池的赠语又是什么呢？

加略人，犹大问

如果你问我这座城池的价值几何，

那么我告诉你，加略人，犹大，

以及在你之后的子子孙孙：

放下仇恨，走出偏执，

拆除隔离，与真正信仰此城池的人们共存，

唯有真理与饶恕才是这块土地和平的解药，

至那时耶路撒冷才是价值连城的天之国。

须知三教相争，和谐和睦，

三信一体，仁者为王，

否则耶路撒冷将会一钱不值。

耶路撒冷，世界的中心，信仰的中心，

全世界信仰者的圣城——神之国。

神之寄语：

耶路撒冷啊！吾之"圣城"，

世界众人子之"耶布斯"，

吾建此城，是为祈福、佑护，

祈福世界众人子和平，

佑护人子灵魂，

不分信仰、人种、肤色，

非为破坏、残杀、杀戮，

凡以信仰之名杀戮他人，

剥夺他人生命的施暴者，

让世俗之血沾染圣殿之人，必为魔鬼，

坠入地狱最漆黑，最炽热的火狱，

生生世世。

须知"耶路"是城，"撒冷"是和平，

即"和平之城"。

浮士德继续说

神、凯撒与人子的关系应该如何认定、解读？

加略人犹大问

人类最大的不幸并非饥饿和病困，

而是当处于这境地时，

没有人伸出手让他（她）得到应有的自由。

"自由"超越了这神灵和凯撒，

它只是在进行平等的心灵沟通，

人和人的。

凯撒的长矛和盾牌，

必须带有自由的光芒，

如果人们被奴役和控制，

神灵的旨意就必须号召人们站出来推翻阻碍自由的人。

肉体归于世俗，归于凯撒，

但须监督、鞭挞于他，

不可像布鲁图斯弑杀，

建一囚笼捆缚权力，

因为我们越来越明白，

对人类文明威胁最大、破坏最惨烈的，

是不受约束的权力，

其次才是自然灾害和人类的无知，

要实现对权力的公有、共有、平和及民主，

而不是独权或者独裁。

远离神、亲近神，

至适合"距离"的信仰祂的力量，

心境纯和，精神纯洁，灵魂纯净，

肉体湮灭时，灵魂全心全意的归于神。

一个好的凯撒与神灵最重要的品质是什么？"

加略人犹大问

圣洁、公正、力量等等，

都是国王应该具备的条件，

但最重要的是智慧与秩序，

而一个神灵应该具备的条件，

则是仁爱，永远的宽广无限的爱，

而不是束缚和控制，

神灵要具有"仁爱之心"，

当然最终两者都会归于毁灭与混沌的，

——哲学虚无之岸。

浮士德一边说着，

一边用继续用手指划着奇怪的三维轨迹，

左边是灯火通明白色刺眼的大理石建筑，

右边却是漆黑不见天目的扭曲的场景。

左边的场景是：

那伟大的帝王被杀死在庞贝城剧院的台阶上，

那君王在死前对着那用刀刺向自己英俊的行凶者说：

"孩子，还有你吗？布鲁图斯！"

那狰狞面目嗜血狂刺的人，

高呼着：我爱凯撒，但我更爱罗马！

至此场景衍化为一片片血红不见。

在 56 年的人生中，伟大的凯撒有过许多身份，

他是逃亡者、囚犯、崛起的政治家、

军队领袖、法律的倡导者、反叛者

——甚至是神明，

以及丈夫、父亲、情人和通奸者。"

右边的场景是：

在漆黑不见天目的空间里，

有无形的手创造着繁星、明月，

天空、大地、水流、高山、星河、宇宙，

并建造着一座座城池、圣殿、神庙，

还有一群群的野人，

恍然间，有文明的痕迹，

也有血流的痕迹，

人们互相争斗残杀，像野兽一样，

城池破败，圣殿坍塌，神庙毁灭，

人类燃火焚身，毁灭自我。

在沉重的叹息声中，

随之神之手弹指间弥杀一切，

天际间归于平静，漆黑，混沌，空虚。

在空无黑暗的空间里，

若有若无的隐着神的脸孔、眼眸、瞳孔，

随之瞳孔无限放大，

整个场景归于漆黑，平静。

浮士德与加略人犹大，

一阵静默，不敢发出任何细微的声音。

第十二章　　魔鬼与意识形态的恶

过了很久，很久，

那加略人犹大，

才从沉默、沉思中回味过来。

啊！那遥远的光啊，

来了又去，

我们的存在什么时候才是尽头，

什么时候我们也归于神之眼眸，

进行沉睡，不在复苏。

可是命运的齿轮，

一轮又是一轮，往复循环，

我们，我们的命运也没有尽头。

浮士德感慨的说

"这个世界神之下为凯撒，

而凯撒为帝国或者国家之代称。

现代自由主义政治思想视国家为"必要的恶"，

因此作为立国之基的宪法，

是以限制国家权力为首务。

而在古典政治思想中，

国家是"基本的善"，

是使人类这种"政治动物"，

得以培育美德、发展文明的基础条件。

因此，古典共和主义宪制，

是以确保国家不被派系利益所把持，

并服务于政治共同体的公共福祉为关注点。

世上有两种力量，利剑和思想；

从长而论，利剑总是败在思想手下，

思想才是人类的灵魂。"

加略人犹大说

人类历史上，

几乎所有的暴政最初都是利用民众对外族的仇恨。

当仇恨在心中发芽、长大，

人也就慢慢忘记了最宝贵的东西——内在尊严。

当人的内心为仇恨所填充，

他的肉体也必然被外在的强权所奴役，

思想也被一并禁止思索。

浮士德说

所以越身处底层的人，

越容易用自我牺牲，来表达爱意。

所以这种人往往会被人利用成为炮灰，

所以，他们的认知配的上他们所遭受的苦难？

并且，应该如此。

加略人犹大说

你知道他们不是坏人，

他们只是没有受过人性的教育，

心理不谙社会世故，

思想认知没出过远门（大脑），

行为不道德，精神意识不文明，

外加意识形态愚蠢。

他们很多人不了解世界，

更没看过世界。

他们心中的世界，

都是被洗脑控制的世界，

被宣传的世界，

岁月静好的世界，

坐井观天的世界。

你跟他们谈什么认知？

他们没有什么认知观，

只有井中观而已，

他们只是赤裸裸的洞穴人罢了？

浮士德解释说

可是问题是：为何会有洞穴人？

说谁有意操纵，主导了他们的意识？

加略人，犹大问

因为他们这一生从来没有真正自主思考或思索过，

也没有真正被爱过。

神灵奴役他们，凯撒为其洗脑，

让他们成为行尸走肉，

成为国家，民族以及邪神的最低端炮灰及祭品。

这也是被主控、被压迫的人的悲哀，

总是以为别人会因为他的牺牲而感动，

其实都是一厢情愿。

奴隶的悲哀不在于他的身份，

而是奴隶本身活出了幸福感。

认为奴隶主的敌人就是自己的敌人。

所谓盛世之牛马，乱世之蝼蚁。

凯撒如果想征服一个民族，

一定要征服它的价值观，世界观，道德观，

以及对人类自我生命佑护的生命观。

可是这些话语，今天那些极权独裁统治者和那些高高在

上的邪神，

那里又会懂呢？

他们只配下地狱，毫无疑问。

浮士德说

在自然界，我看到狼没有大象强壮，

也没有狮子的霸气，更没有豹子的速度。

但是，我几乎没有在马戏团里，看到过狼。

只是因为它们是一群具有

自由的思想，独立的灵魂群体。

犹大说

是的　这是一群具有，

独立的个性，超高的智商，

不羁的灵魂，自由的生命，

冷酷的法则，冷静的头脑，

不屈的意志，嗜血的图腾的群体，

实在无法驯服。

浮士德说

极权暴政主义最恐怖的力量，

在于消灭人的差异性和独特性，

这是毁灭本能、泯灭人性的过程。

极权主义通过统一的仪式、统一的纲领、

统一的动作制造统一的思想，

从而批量生产大量

"没有个人兴趣、没有事情纠葛、

没有感情、没有归属、没有财产，

甚至没有自己名字"的极权主义武器，或者炮灰，

以巩固自己极权统治。

一切专制者都试图控制人的思想，

但士兵无法进驻人的大脑，

于是只能控制意识形态的表达。

语言因此必须被消毒，被驯化，

一些词被妖魔化，

另一些词被扎上蝴蝶结，

一些词被灌入硫酸，

另一些词则被喷上了香水・・・

一切都朝着独裁者的意识形态出发，

最终众人一口，众人一词。

于是造成这个世界到处都是恐怖分子，

有些是拿着炸弹的，

有些是拿着意识形态的。

信息的垄断能使一个智力正常的人，

长期在无边无际的黑暗中爬行，

至死都不知道，

自己所信的只不过是一个骗局。

这时森林里面会安静下来，

夜晚黑暗来临，寂静无声。

加略人犹大说

你要知道，极权权力的邪恶和黑暗，

连地狱的魔鬼梅菲斯特也自愧不如。

圣经中魔鬼有很强的影响力，

来控制人类的思想、行为和灵性。

他污秽人的心灵，控制人思想，

驱使人类做一些邪恶的事情，

并迫使人类打上"兽的印记"

操纵人类的四个步骤：

1、必须制造假想敌，并且夸大"魔鬼"的邪恶

2、夸大"魔鬼"的邪恶力量，激发追随者的仇恨，让追
随者产生斗志

3、让追随者看到自己的圣光以及希望

4、如果选了一个"魔鬼"不合适，

　　那就重新选一个，再不行就造一个。

浮士德说

当然，魔鬼都是以国家的名义进行恐怖，

以主权的名义，甚至以神权的名义进行恐怖。

他们不信神，不惧神，

肆无忌惮的破坏，毁灭，

这个由神灵所创造的世界。

所有的信徒首尾相连，

人人都在魔窟互相倾轧，

形成一个旷古未有的世界末景。

但是人啊！生下来只是无知，并不愚蠢，

愚蠢是后天的教育所形成的。

他们从小就被进行洗脑教育。

他们不断敲打仇恨的鼓，不停地敲打着……

直到每一个正常人的耳膜都炸裂，

心脏都紧缩起来。

几乎所有人都尽职尽责地为"帝国"服务，

从而引发了大规模的精神错乱和大规模的仇恨……

浮士德继续说着

人类之人性有两面性:兽性和神使，

教育者的目的是抑制其兽性而使其成为天使。

教育应是灵魂深处的忏悔和感性以及对生命的热爱，

对神的忏悔和对世界的感性，

而非理论或知识的堆积。

否则，知识越多，

对生命对人类的危害性就越大。

所以判断一个人的善恶，

首先要观察其对待生命的态度。

包括一个民族对待生命的态度，

能直接体现出这个国家的文明程度。

教育是让孩子们看到:

奇溃的宇宙，生命的价值，

灵魂的意义，信仰的精神，

而不是某个魔鬼所宣传的，

你要为我们去死。

不为统治者而死，

应该成为文明世界的核心意识，

所以教育应该成为一种唤醒手段，

是要把人的创造力量，诱导出来，

将生命感、价值感唤醒。

人自然而生，自然而亡，

不应该受任何外力的主导，

善与恶是人类同一块钱币的正反两面，

更重要的是把人类善良的灵魂唤醒。

加略人犹大说

破坏就是人的本性，

随着成长受到的教育，

以及对生命的敬畏，

才逐渐约束自己的本性。

如无法根绝"人这一本性"，

那么人类的暴力战争将绵绵无休。

民众是盲目的，谁"引导"他们，

谁就是他们的思想！

人类战争就是一种多数人的集体战争，

如果把多数人和战争的发起者——暴君进行隔离，

让多数人通过教育认知进入一个文明的自然状态环境，

那么战争的爆发概率和冲突就会减少。

如果把暴君的权限进行控制减少，

那么就会把暴君关进自己的铁笼子里。

同理当人们明白自己的本来面目后，

洗净自己脸上的黑墨和灵魂的污垢，

那些野心家，将无法在蛊惑他们，

那么人类将不会再发生战争。

同时在若干年后，

当人类的善良之根萌芽，成长，

形成树荫，他们会相互依靠，互相成长，

我相信人类的善良是相互吸引和理解的，

假以时日他们总会对这个世界达成共识和认知，

至那时世界将会统一，众神将会来临。

浮士德说

至那时，凯撒与民众则人人平等，

人人皆自由，

不在存在压迫，残害和莫须有的死亡。

加略人犹大说

说到自由，似乎所有的名言字句，

都具有双重的内涵。

自由概念，也隐含着这样的简单道理：

自由在每个时代的进步，

都面临着几大威胁。

源头是人性之中根深蒂固的恶：

即：强人对权力集中的渴望，

穷人对财富不均的怨恨，

无知者和迷信者对乌托邦的向往，

缺乏信仰者将自由和放纵混为一谈。

什么又是真正的自由呢？

啊！没有太阳、月亮和繁星时，

你是自由的。

你合上眼睛，不看世间万物时，

你是自由的。

自由处处都在，

可是自由又似乎处处无迹可寻。

浮士德说

说到自由，

我又想到罗兰夫人在断头台上的一句话：

"啊，自由！自由！

多少罪恶假汝之名而行。

可是这世间那么多人，

谁又理解自由的含义呢？

我所理解自由的极致，

就是不畏惧失去所爱之人，

远离厌恶之事，

若欲改变，必先理解万象。

让自己如孩童般纯洁无邪，

永远遵从内心，忠于自我，

直至生命尽头。

加略人犹大说

是的，从另一方面来说，

确实应该如此，

权力只会对权力的来源负责。

人人都是有弱点，

不论是英雄还是智者，无人幸免。

社会管理中，要注重制度对人的弱点制约，

政治上层不仅不是天使集中的地方，

而且可能是人性弱点魔鬼集中的集合。

所以政府之权则是首先需要制约的"器皿"，

须知人子与凯撒的关系，

则是：国权愈小，民权愈大。

当国之权与民之权对等，

或者民权大于国权之时，

平等与自由就会接踵而至。

因此要想权力为大众服务，

必须是这个权力的来源源于众人之子，

即：那些孩子们。

在退离天堂门口，

圣殿四骑士的但丁告诉我，

他的好友中国人尹尚玥，

写过诗歌"众人的孩子"，启示非凡。

所以请先让孩子们文明人性起来，

再讨论其他。

浮士德说

我记得，希腊神话里有这样一个故事：

奥德修斯路过一个海妖塞壬所在的岛屿时，

让其他船员用蜡堵住耳朵，

以免被塞壬的歌声诱惑，跳下船去。

但是他让船员将自己绑在桅杆上，

为什么一定要把自己绑起来？

答案是：为了不放任自己被诱惑，

从而迷失自我。

奥德修斯将自己绑在桅杆上，

于是，他既听见了塞壬美妙的歌声，

又没有因此丧命。

所以我们必须要对自己的外部环境和世界有所约束，

才能更好的约束自己，才配获取自由。

须知"自由是有意志的自律"，

而不放任，才是最大的自由。

所谓自由，就是人人皆有温度，

眼神明亮，人性之心。

所谓自由，就是人人都可以说话，

而不被追究。

自由，应该是一种清澈宁静的心境，

是找到了生命的旋律，

然后按照这个旋律去生活。

无论高调还是低调，

用你自己的声音去歌唱生活，

忠于人性的信仰，也就是自由。

加略人犹大说

无论如何，人类的繁荣、幸福和尊严，

来自于个人自由，而不是集体主义。"

当然这一切，

都需要某种推动力来承载和实施，

无疑，人力并不可为，

只有神灵的力量，宗教的信仰，凯撒的鞭挞，

来推动这一切。

因为没有信仰，所以没有人性；

因为没有人性，所以兽性遍地；

因为兽性遍地，所以灾难不断。

信仰并非一定是什么宗教，

而是在内心深处形成一套自己独特的

世界观、价值观和人生观，

这就是信仰，也叫灵魂。

浮士德说

精神灵魂是影响人类物资生产生活的重要推力，

尤其在人类早期物资匮乏，

在世界认识还处在相当低层次的阶段时。

重要的精神主导，

或者神灵信仰会影响一个

民族、国家乃至一大部分的世界命运。

加略人犹大说

人类需要信仰，但不需要宗教。

因为信仰和宗教不是一回事，

信仰在每个人心中，

而宗教只在现实中。

所以人类与神灵、魔鬼的"距离"，

需要有一定的边界和界限来成全彼此。

那加略人犹大，

你曾经无限近距离接近地狱以及大魔王梅菲斯特，

也曾经无限近距离接近天堂，

当你那时与圣子基督耶稣面对面之时，

你却不知那时至高之神上帝也在耶稣的背后，遥遥可见。

浮士德说

浮士德先生，

你所说的"距离"是否应该这样理解，

无限的接近代表着被"控制和管理"，

形成威权集束，被奴役，控制；

而无限的"远离"，又代表着，

被抛弃，被背叛，被毁灭。

那么，人，是否应该在，

"不远不近"的地点，

抬头凝望星空，

低头沉思大地呢？

或许，信仰需要"沾灰"，需要世俗，

才是最好的"人与神"的距离？

因为人与神，宗教与自由同等重要，

人类进入校园，就像水滴进入大海，

目的在于汲取完备的人文人性价值观和世界观，

而个人的宗教信仰则纯粹属于每个人的自由选择，

在人子形成完整清晰的"神灵"观之后，

才须自主决定和引导自己的信仰。

教育体系应致力于培养具有清晰视野和明晰思维的下一代，

这样才有可能杜绝出现"恶灵"原教旨出现，

须知人性的人文触角不会出现"原神灵"的暴力和残杀，

人类的下一代教育应提供更广泛的思想视野和理解世界的机会，

应建立包容性的教育政策，

鼓励学校以开放、平等、尊重的态度，

对待不同宗教信仰，培养开放包容、理性独立的人才队

伍。

应以保障宗教信仰自由为核心的教育理念，

有助于培养人类下一代独立思考和自由选择的能力，

进而使他们成为具有开放心态和多元文化包容性的未来

领袖。

教育与宗教自由的平衡，

人与神灵的"距离"，

有助于形成塑造一个更加和谐、文明的人类世界体系。

加略人犹大说

那加略人犹大，

我的主人圣殿大骑士歌德说过，

那个创造了人与半神、热血与理性、

阴谋与爱情、杀戮与忠诚世界的瞽眼骑士荷马，

曾经看到你在地狱的所有遭遇。

你在大魔王梅菲斯特面前昏迷之后，

在即将离开地狱之前，

嘴里曾经发出模糊不清的呓语，

你可知，你那时说了一些什么？

浮士德说

那时剧烈的头疼，和天崩地裂的剧变，

让我变得惊慌失措，惶恐不安，

而失去理智，陷入昏迷，

说了什么？我也并不知晓，

加略人犹大说

你那时嘟囔着说了这样的呓语：

我将离开你，我将抛弃你，

或者我将背叛你，

我将会让全世界忘记你，

或者铭记你，

魔父，魔父。

浮士德说

同样，在尘世，

基督耶稣"死亡"，失去俗尘肉体，

解脱灵体的那个夜晚，

面对漫天的星辉，

你也同样发出模糊不清的呓语，

你可知你又说了什么？

浮士德又说

是的，那个夜晚，

是我心神恍惚，心窍剧痛，

头痛俱裂，神智崩溃，

游走天堂和地狱之间，

也是游走大地之时的夜晚，

说了什么，我同样也是并不知晓？

加略人犹大说

那创造了梦幻与现实、寓意与象征、

知识和理性、神学与罪狱世界的但丁大骑士，

矗立天堂，当时侧耳，

倾听了你这样的话语：

"我，加略人犹大，将离开你，

不是背弃，不是背叛，

而是沿着世俗的道路，

光的路径，人子精神的轨迹，

完成唤醒，唤醒世人迷茫沉睡的灵魂，

我将让世人忘记你或者铭记你，

我将第二次拯救，救赎世人。

圣父、圣父，

我是人子，亦是你子。"

浮士德说

人，真是悲哀无良的物种，

懵懵懂懂的离开天堂，

又拼死拼活的闯进地狱，

又急忙捉慌的爬进大地，

活着是一种悲哀，

死去又何尝不是解脱和无良的出路呢？

可是，这一切又该如何抉择，

何去何从呢？

加略人犹大说

我们的这一生，

在神灵与魔鬼的支配下，

沉沉浮浮，起伏不定，

无限的"接近和远离"，

都将遭到灭顶之灾，而失去自我，

所以啊！人子的肉体归宿只能是"世俗"，

世俗化的"神灵和魔鬼",

只有这样,我们才是真正的活着,

才能创建"真正的天堂"。

在世俗(国家)近代化的道路上,

消除狂热的宗教神灵崇拜是必经之路。

因此,无论是人性的苏醒,

还是近代化凯撒体制的变革,

都必须想尽办法打破宗教神灵对人子思想的枷锁。

通过宗教革新,

把人从神的束缚中解放了出来,

让人成为平等的人,良善的人,自由的人

让一座又一座的文明学校(人性)取代"神寺",

将世界融入现代化的"文明河流"之中,

以促进全世界向精神、灵体,

平和、仁爱的世界"天堂"飞跃。

浮士德说

可是,我们似乎都忘记了,

人子的劣根性和浑身的漆黑,

以及那心窍无穷无尽的欲望和罪恶,

当我们描绘那辉煌璀璨的天堂之时,

殊不知打开那道金碧辉煌的大门，

里面却是深不可测的地狱之所。

是否我们的"新天堂"，

还缺少一个什么东西？

加略人犹大说。

第十三章　　浮士德的浪漫悲哀曲

是的，缺少一个飞跃的心和引擎，

在我们界定好"距离"之后，

我们需要添加它。

须知人类与神灵的关系，

则是：神在人上，人在神前。

神之手和人之手的距离，

在于一颗人性的心，

在于一颗由人性之心，

所带入，激发的"仁爱"。

由此可以看出，

推动人类进步的既非权势，也非财富，

而是信仰，思想，发现，改变。

而进一步影响历史发展变化，

并推动这一步进步和飞跃的只有"爱"，

也唯有爱。

浮士德说

啊！爱它们是存在于过去的历史，

根植于未来的生长中，

而唯独在当代还没有展开萌芽。

爱：承载着人类历史的足迹，

除了给人们归属感以外，

更能让人从过去看到未来，

从历史吸取经验——

这是全人类的无价之宝。

可是啊！可是，

这"爱"似乎没有种子，

也似乎无处可寻，

它似乎和某种悲伤的东西相连，

而迟迟不得现身。

加略人犹大说

是啊！是的，

这爱必将和极度的惨痛历史或者情感悲哀衔接，

才能滋生出来。

这个世界似乎每个人都有，

极度的痛苦和悲哀的情感，

而无法自拔。

我亦是，在与魔鬼签下契约后，

我遇到海神的女儿之一海伦，

一个无比貌美的女人，

人神魔鬼都为之倾倒，

愿意为她做任何事情，

美丽的女人总是有着这种魔力。

我与海伦的恋爱也是这样，

我费尽心机，

如愿以偿得到了海伦，

与她结婚生子。

但很快那满足的空虚和寂寞如影随形，

海伦的虚幻形象也随之消散，

我痛苦不已。

浮士德说，

世人都认为我的至爱是海伦，

其实一眼万年，

每个人一生中遇到的第一个满眼之人，

才是至爱，其余的不是。

随后的我，逆转时空，

遇到了自己2000年的初恋——格蕾琴。

可惜好景不长，自我的无知，性格的缺陷，

命运的捉弄，天性使然，

或许是本能的排斥，

我最终失去了她。

开始我的第一眼，

结束她的最后一眼，

我们最终分离。

爱情总是这样短暂而忧伤，

随之而来的确是一生难忍的分离和思念。

如果可以让我重新选择人生时间线的话，

我想回到小时候，

或者我想重回那一年。

因为小时候我们可以无忧无虑，

没有烦恼，

只有蛙跳，蝉鸣，老斑鸠的鸣叫，

风声，雨声，以及心灵欢快的节奏。

因为那一年的时候，

有一段深刻的记忆、

有爱我的人和我爱的人，

我很后悔没有抱抱她，

因为我永远记得她最后一眼看我的酸楚眼神，

千年之绝望，悲伤，痛苦，

唉！对不起。

时过境迁，尘埃已定，

无论如何，

这两个时间线真的很幸福，

让我的一生难以忘记。

啊！我走不出过去的记忆，

它已经把我碾压的粉碎。

我忘不了过去的那个人，

和那些记忆，那些往事。

我抑郁，焦虑，失眠，肚痛，

绝望，痛苦，无尽哀伤，

满眼痛楚，生不如死。

离开你，格蕾琴，

真的好累，好难，好痛苦，

如果我要是死了，

我绝对不会告知你，

告知这个世界，

我只会默默的成灰。

亲爱的，我真的好想进入你的世界，

余生死在有你的时间（世界）里。

格蕾琴，我的至爱，

我是那么的爱你，至死无悔。

浮士德继续说

天啊！

我想再看她一眼，

在那个孤单的午后，

在午后的阳光下，

一个人看到另一个人。

我想再看她一眼，

在回到那个喧嚣的世界，

在回到那个静谧的夜空，

一个人看着另外一个人。

我想再看她一眼，

挣脱世俗的枷锁，

回到当初单纯的我，

自然的我，

让一个人用单纯的眼光，

用自然的眼光，

看着另一个人。

天啊！

我想再看她一眼，

看那时的阳光，

那时的云，那时的雨，

那时的鱼，那时的人，

告诉那人说，我喜欢你，

我爱你，等等，甜言蜜语。

我想在看她一眼，

那时的我也曾经看过你很多次，很多次，

但是我从来没有用充满感情的眼光看过你，

我无视你，回避你，躲闪你，

我像刀子狠狠的扎着你，

认为你不是我的真爱。

有很多次我都可以得到你，

但却被我一次一次的放弃，

在最后的星空下，

有你看我最后的眼神，

充满绝望，伤感，忧伤，

就像天际间的流星，

划过星空，不再回头。

天啊！

我想再看她一眼，

仅仅一眼，

时过境迁，

她是否胖了，还是瘦了，

短发是否变的长长，

她的眼神里是否还有那时的时光。

我想再看她一眼，

从来没有想到失去一个人，

竟然失去了那么久、那么久，

而不自知。

嗨，我在最近的梦里遇到过她，

她还是像我那年一样如昔。

天啊！

我想再看她一眼，

最近的她过得还好吗？

时间真是可怕的恶魔，

这个世界竟然没有什么东西，

可以填满我的胸腔，

太阳也不能，

太阳也会落下去，

把最后一片金黄带走。

我想再看她一眼，

我还想着她的故事，

想着她和我那些年的故事，

那年、一眼，

我的至爱。

浮士德痛苦的说

命运之神，

你到底和魔鬼达成了什么疯狂的印记，

然后把我击的粉碎。

当我们在人生的路口做出某些选择的时候，

命运之神，我这一生，你是否，

早已悄悄的在我所有的抉择之中标好价格，

然后将悔恨和愧疚回馈与我，

让我生不如死？

我真的好想去死，

我这个被抑郁症逼迫的疯子，

我这个被抑郁症逼迫成魔的疯子。

天啊!! 杀了我吧!!!

浮士德泪流满面的说

浮士德先生，

我一直认为，如果一个人说，

看哪！天啊！我痛苦，

但显然他并不在承受痛苦，

而是在承受世俗，

因为真正的悲伤是暗哑的、无声的。

我只知道，生命是建筑在痛苦之上的，

整个人类生活贯穿着痛苦。

从古至今，连绵不休，

越是深重的痛苦，

越能带来最后伟大的胜利。

只是胜利的路上，

满布疮痍，悲伤。

你要知唯有悲伤激痛净化而成的世界，

才是真正的涅槃世界。

人必须杀死过去的自己，

才能迎来新生。

加略人犹大说

我也知，人生的钟摆永远在两极中摇晃，

爱是其中的一极；

痛苦也是其中的一极。

要使钟摆停止在某一极上，

只能把钟摆折断。

我也知，人生不售来回票，

一旦启动，绝不能复返。

可是凭什么让我来拯救这个世界，

拯救那些罪人？

可是，可是，

亲爱的上帝以及魔鬼，

谁又能来拯救我呢？

浮士德哭诉着说

啊！这极度的痛苦，

让我滋生出极度的爱。

我走过千山万水，

才发现人类让我又爱又恨。

他们有忠诚，有善良，有邪恶，有黑暗，

当然也有复苏。

有规则，有圣光，有眼泪，

更有希望。

我想拯救所有的人，

我想让众生生活在我的手掌。

是否，在我的身后，

有一个伟大的灵魂在指引着我，

指引着这个世界。

弥赛亚，弥赛亚，

请你指引我。

看，我即将完成这海上伟业，

让人类跨入新的纪元。

浮士德狂笑着疯了一样说

人生啊！犹如一股奔流，

没有暗礁，激不起美丽的浪花。

只要有一双真诚的眼睛陪我哭泣，

就值得我为生命受苦。

那加略人，犹大，

你说说现在的我，

到底是一个正常的人，

还是一个神经错乱的人。

我，浮士德的灵魂，

到底是属于天堂，

还是地狱？

那歌德大骑士笔下，

创世纪浮士德先生，

其实人世间生命中所有的繁华，

终要寂寞偿还。

其实，假以时日，当爱渐渐死去，

人心不过是活着的墓穴。

你看那春天，季节来临，

死亡的墓穴缝隙之处，

那里还有野草、野花的生机。

记忆这东西总有些不可思议，

实际身临其境的时候，

几乎未曾意识到那片风景的美丽和明亮，

未曾觉得它有什么撩人情怀之处，

更没想到若干年后那些破碎情节仍历历在目，

痛不欲生。

人生啊！来来往往，

来日又未必方长，

也许孤独才是生命的常态，

唯有爱与陪伴，

能融心底尖冰，抵岁月漫长，

何必悲伤！

生命其实质就是一团欲望，

欲望不能满足便痛苦，

满足便无聊，

无聊之后，就不会再珍惜、拥有，

时过境迁，那一丝的曾经无聊，

就会成为生命中的情感烙印，刻骨铭心！！

于是你痛悔、悔不当初，

泪流满面，自伤自艾，

人生乎，就在痛苦和无聊之间摇摆，

没有任何一丝意义。

相对而言，当有了精神上的痛苦，

肉体的痛苦变得不足道了；

因为精神的痛苦是肉眼看不见的，

倒反不容易得到别人同情。

我听说，一个人所受痛苦的深度，

恰好等于他彻悟的程度。

你还是看这世间漫天的痛苦，

以及漫天的黑暗，

魔鬼、物质、欲望充斥人间，

这魔域，苦痛哀伤遍地，

人人生不如死，

你就会明白你的爱痛，

在若干年后微不足道，廖若尘灰。

加略人犹大说

是啊！浮士德说，

说到欲望，你可知，

人是因为欲望而成其为人的，

或者说人的存在必须以欲望为前提。

无欲，无意识的人，

那里又可能存在这个世界，

所以物质、感性，

灵体、理性，

以及天堂和地狱构成了我们这个世界吧！

只是在这两者之间，

充斥着人类的欲望和扭曲、不合逻辑的存在，

可是，为什么偏偏是"我"，

让我思考这样的问题呢？

说到天堂和地狱，

我想请问你，浮士德先生，

你是否知道这个世界的真相是什么？

我们的世界的真相有两级，

一极是虚无；

另一极是苦难。

世界的本质是从虚无混沌到另外一极虚无混沌，

然后中间是漫无边际的苦难！

我们现在需要很严肃的思考以下问题：

宇宙的尽头是什么？

如果人类毁灭，

那么不再被人类所感知的宇宙还存在吗？

在人类文明出现之前，

宇宙存在的意义又是什么呢？

加略人，犹大问

其实从唯物主义的角度来看，

世界的存在不会以我们的意志为转移。

世界亘古不灭，

而生命不过是一个过客而已，

而且生命短暂、脆弱，注定走向消亡，

只有"神"是永恒，亘古。

所以，本质上，

我们在世界上存在的意义除了活着，

再无其他的意义。

当世界逆发展的尘埃落在每个个体身上，

就是苦难和痛苦，

它无边无际，无穷无尽，

剥夺他人的尊严、权利和灵魂，

并以此控制、奴役、残杀每个神的孩子。

苦难应该只有一层，

即是死亡平等，死神永生。

不管是理性，还是感性，

更不管是智慧，还是永生，

统统都或迟或早归于消亡，不复存在。

痛苦啊！痛苦，

不得解脱，也无法解脱。

浮士德抱着腹部喊

我每天无时无刻都在梦想着，

我的故乡——耶路撒冷。

有时候我想所谓的热土，

就是久藏在心底的故恋，

不管身在何处，

心中永远牵挂的地方，

当你踏上这片土地的时候，

才觉得心有所属，人有所归。

故乡是一个离得越远越思念、

时间越久越思念的地方，

梦里，眼里，满满都是！

我的神灵之地——耶路撒冷，

那里有我的家人，

那里是我的灵魂之地。

只是不知啊，不知，

我的终其一生，

肉体，精神，命运，灵魂，

已经吊死于那根绞索之上，

以及死在那块罪田。

加略人犹大说

上帝如果爱一个人或者一个种族，

就会叫他流浪，无所依靠，东奔西跑，

在溪流、田野、高山和林莽，

苍穹之下随处安身，

折磨他的肉体，摧残他的精神，

磨练他的灵魂，

上帝会借由各种途径，

让人变得孤独，变得强大。

好让他们可以走向真正的自己，

挣脱枷锁，奔向自由之地。

那加略人犹大，你要须知，

我们生活在一个恶的时代，

现在没有一样东西是名符其实的。

比如现在，

人类的根早已从土地里拔了出去，

人们却在谈论故乡。

其实所谓的故乡就是住的久一点的地方，

一个人在一个地方居住时间长了，

就难免会产生感情，

对那里的风土人情就会产生很深的印记，

而这种情感是挥之不去的。

一个人拥有一个梦想，

至少就有一个理由坚强，

心若没有栖息的地方，

到哪里都是在流浪。

故乡其实就是那个你住久会厌倦，

离开会眷恋的地方….

在一个地方待久了，

那里还分的清故乡和他乡？

其实这个世间，

只要有地方为你亮一盏灯，

那里就是故乡，

而建设好自己脚下的土地，

处处都是"耶路撒冷"。

另外那里不仅仅只是一位"上帝"的，

———故土。

人类啊！人类，

你要须知生命最重要的，

其实只是那些拥有最平凡，

但温度恰好的爱人、恋人、家人、朋友，

以及可以拥抱着所爱之人的缘分，

和对众生及地球的慈悲。

爱，亲近但遥远，

一生中能有幸拥抱值得爱的人，

值得尊重的生命，

已经是最大的福分。

可是在不久的不久，无一例外，

人类都将化为灰烬尘灰，

走向不知名状和未解的死亡。

浮士德说

死，对于大多数人来讲，

并不是一个好的词汇，

但是却是所有人的归属和终点。

死亡，让这个世界充满了意义，

就像人们喜欢玫瑰一样，

因为知道它不久就会凋谢，

所以没有人会喜欢石头。

当然结局必然是悲剧，

尤其是对于身边继续活着的人而言，

这也是最本质的苦难。

但如果苦难长存，

那么"爱"必将亘古不变。

所以人最终须要清醒的知道：

人须有一生，

但最终也定有一死。

在一生一死之间，

世界虽然是虚无，

死亡虽然是永恒，

但人存在的意义，

还是要寻找到全世界最契合的光，

寻找自己的归宿，

回归神灵应许之地！

无论是天堂，还是地狱，

或者是大地。

所以，在我们的肉体和灵魂，

消亡之前，

我们都须抬头仰望星空，

努力回到自己的家乡，

回到最初的神灵身旁，

接受神灵的"爱抚"，

蜷缩在神的手指缝隙安眠。

白发苍苍的浮士德又说

加略人犹大慢慢的哭了，

眼泪默认流下，大声的悲泣。

我们啊！我们，

痛苦而来，又将痛苦而去，

抱着头，尖叫着，

哭泣着，颤抖着，

不知何去何从！

被一切遗弃，

而自己又遗弃一切！

可怜、可悲、可叹、可恨的存在，

不由自主。

所以只有神，唯有神，

才可以指导我们的方向，

指引我们脚下的路，前行，前行。

可是如何得到救赎，

又需要从那里获取神的启示，

我不明白啊！不明白。

第十四章　　浮士德之死

这时风呼啸着吹着，

绕着圆圈。

神啊！我从魔鬼中来，

不知又将归向何处？

魔鬼不许我，

神灵不近我，

世俗不容我，

我也不知自己的出身和归处，

我是人啊！我是人，

我只是人间的细微凡尘，

这风它又将吹向那里呢？

而且人与魔鬼、神灵的关系，

不知又该是怎么的认定？

或许神、魔在上，

理性、感性在上。

人在神、魔之前，

人性在前。

神在人上，人在神前，

可是这个世界谁又能明白这一句话呢？

加略人，犹大激动的说

风继续呼啸着往南吹着，

又呼啸着往北，

随着意思来来去去，

吹着浮士德颅脑花白的头发，

以及衣襟，

浮士德侧耳倾听着，

似乎风中有神灵的低语声音。

浮士德举着双手大声的说着，

风啊风！灵啊灵！

我知你的来由，

也知你的去处。

这风就像灵一样，

它在你的身边和身内，

你却没有发现；

它在你心里和脑中，

你却没有觉察。

人与神灵、魔鬼，

既在一起，也不在一起，

既在上，也在下，
既在前，也在后。

那神、魔筛选之子，
——加略人犹大，
你要须知神的拣选，与人的皈信，
是双向奔赴，
不要抱怨，不要迟疑，
你的光会在不远的一千年后来临。
浮士德大声的说，
你要谦卑，因为你的肉体生于尘土；
你要高贵，因为你的灵魂源自星辰。
你要感性，因为你来自物质之狱，
你要理性，因为你出自天堂之所。
你有生之年，所念所想，必定出现。
你有生之年，所罪所恶，谨言慎行。
你迟早会穿过那个圆环（山洞），
看见一些美丽的东西显现在苍穹，
回到那个神灵应许之地，天际之地，
去吧！去吧！
去那个世界，去建设它，

去改变它，去影响它。

创我之至高无上神，

我们会找寻到你，

回归到你，拥抱至你，

在你的地，你的国，你的俗世，

建你的园子，

一个真真正正属于我们的俗世园子。

俗世啊！应该是人的俗世，

而不应该是神的俗世。

俗世应该根源人类的愿景，

根据内心的人性，

遵从神的痕迹主导建立的世界。

神应该在天际，而不在俗世，

神的旨意要借凯撒（王）的手，

凯撒的嘴去实施和推广，

神灵信仰要俗世化，要沾染灰尘，

和那些带灰的人融为一体。

在人类获取人性之后，

我们将和神灵溶于一体，

用我们的灵魂，我们的精神，

我们的人性和尘灰交付于神之手掌，

以及神之眼眸。

啊！我这一生注定毁誉参半，

注定一半是天使，一半是魔鬼，

注定一半是火焰，一半是海水，

注定一半是天空，一半是大地，

注定一半是理性，一半是感性，

注定一半是死亡，一半是新生，

注定一半是魔域，一半是天堂，

注定一半是人性，一半是兽性，

……………………．．

我啊我！衍生于宇宙，

行走在魔域，游离在天堂，

或迟或早湮灭于大地，

这大地遍布魔鬼，火焰肆虐，

人性残缺，野兽行走，

故国，家园，破败不堪，

圣父圣父，请垂恩这世间，

拯救救赎这可怜、可悲的大地人子。

魔父魔父，请把你的魔子魔孙，

收回地域，坠至火狱，

用最黑暗，最罪恶，最漆黑的地狱之火，

锻造黎明，而不是毁灭一切。

加略人，犹大说

其实评价一个人的行为，

是看这个人到底是推动了人类文明的进步，

还是阻碍了人类文明的前行，

魔鬼和天使的标准同样如此。

我，浮士德，

奉劝这个世界的恶魔们，

抱着极权的权力死去，

真是一种耻辱和罪恶，

这种罪将延续给世俗恶魔的子子孙孙，

直至坠入地狱。

那是一群地狱真正的魔鬼，

毫无一丝人性，

是毁灭世界的无神、弑神者。

这个世界热爱自由、热爱光明的人们啊！

你们要知道，

魔鬼们对人的诱惑并不是只发生在伊甸园中，

今天它仍然以人类意想不到的方式诱惑、恐吓和毁灭着

这个世界,

魔鬼已经占领了我们的世界,

这个过程就是人类受到诱惑和胁迫而不断背离神的过程,

所以你们要坚强, 要坚持, 要相信,

神的痕迹和眷顾,

或早或晚一定会来临, 与我们之灵, 不离不弃。

那些手握独权极权的魔鬼啊!

从古至今, 未有万年之凯撒和极权,

何妨不给人民自由?

我今天告喻于你们:

凡阻碍人们奔赴自由的独权者,

将无法获取享受自由,

活着的人们那一日清醒过来将推倒他, 践踏他,

之至消灭他。

因黑暗的墙它终将倒下,

因为它经不起良知的考验,

经不起真理的追问,

经不起自由的期望。

这是一个最坏的时代,

也是一个最黑暗的时代,

原来这世间就是因为有了魔鬼,

世界才变成地狱，

而不是因为有了地狱，

才有了魔鬼。

那些生活在黑暗之中的人们，

我请求你们不要放弃，

一定不要放弃，

啊！不管黑暗多么广阔无边，

我们也必须拥有自己的光芒。

因为我们纵使不能抵挡黑夜的来临，

但也要站在星空下仰望光明，

因为在最黑暗的缝隙之中，

终将有一天孕育出光明。

请不要忘记，

这个世界穿透一切高墙的东西，

它就在我们的内心深处，

魔鬼无法达到，也接触不到，

那就是希望。

我呼吁，我请求，

这世间所有热爱自由的人们，

团结起来，积聚起来，

冲破最后漫无天际的黑暗，

这魔鬼一旦垮台，

全人类终将解放，

至那时，属灵的人类，

自由的人民，

终将迎接新的黎明和崭新世界。

浮士德捂着腹部咆哮着迎着大海，

迎着世界呐喊！

加略人犹大，矗立一旁，

寂然无声。

这时浮士德倾听着四周移山填海、

围海造田"叮叮当当"的声响，

天空之中有霹雳的闪击之声，

闪击在浮士德的衣衫附近，

同时地底有沉闷的嘶吼的恐怖声响，

在浮士德脚下涌动不已。

浮士德迎着朝阳大声的对加略人犹大说着：

我的主人圣殿骑士歌德先生告诉我，

耶路撒冷有三圣一弥赛亚，

亚伯拉罕是希伯来民族的祖先，

犹太人基业的开创者；

摩西是犹太民族的精神领袖，

《摩西律法》的颁布者；

大卫，以色列王国的著名君王，

以色列君主政体的建立者。

还有一弥赛亚，为全人类共圣弥赛亚，

即将初生、来临，

在朝阳升起之时，照耀大地。

那加略人，犹大，

人啊！其实我们不过是宇宙里的尘埃，

时间长河里的水滴，

所以大胆去做不要怕，

没有人在乎，就算有人在乎，

人又算什么东西。"

浮士德静默沉思，

然后突然一掌把犹大推了出去，

那加略人犹大，猝不及防，

跌落出去。

浮士德大声的说，

加略人犹大，

我的时间到了，

我的世界到了。

现在你的时代即将到来，

你是人间尘土之王，

你是人间腐朽之王，

天堂你不去，地狱你不往，

你是人间之王。

当黑暗包围着你，

记住，你是新世界之光。

你此生的命运就像沙尘暴，

像那旋转意思的风，

你无处逃遁。

只有勇敢跨入其中，

当你从沙尘暴中、意思的风中逃出，

你已不是跨入时的你了，

你将新生。

那隐藏地狱，笼罩邪恶之灵，

残杀希望及光明的恶魔们，

我奉告与你们以及你们的地狱：

你们是腐朽的墙，

你们是黑暗的墙，

你们是吃人的墙，

那梅菲斯特恶魔们自己制造出来的黑暗，

最后必将吞噬你们自己。

你们这垂涎的魔鬼，

我要和你们共同的灭亡，

让你们走向历史的垃圾堆，走向消亡，

还人类世界，还世俗人间，

还神灵天堂，一片朗朗晴空。

浮士德说着这一切，

身上穿的衣服极速的腐朽，

皮肤容貌快速的老化，

肉体急速剥离骨架，

似乎时间年轮，地狱魔王，

顷刻要带离这一切。

加略人犹大在跌落之后，

凝落半空，抬头仰望，

看到那百岁老人双目失明，

衣衫褴褛，肉体溃烂，

腹部洞疮，死期已至，

即将化为腐朽的骷髅，

有魔鬼为他挖掘坟墓，

发出叮叮当当铁锨的撞击声，

加略人犹大轻叹一声，

双目紧闭，跌向大地。

啊啊！人间真苦，

人，是最可怜的动物，

哎，世间的路，每走一步都难，

非常的艰难。

加略人犹大心想。

刹那间，时间似乎静止。

我皮囊不够好看，灵魂也不算有趣，

我生于尘埃，溺于人海，

关于我的一生经历都平淡的不像话"

即便是这样，神灵啊！

我也是宇宙的孩子，

和植物、星辰没什么两样。

啊！我们都是这个世界的囚徒，

好像都被无形的手所捆缚，

无法摆脱被命运囚禁的枷锁，

寻找不到行走的方向。

今天即将离去，

或归于世俗，或归于魔鬼，

或归于天堂，

无论如何，我都将拥抱这一切，

无怨无悔。

浮士德心想

看到浮士德化为飞灰，

沉沦不见。

天堂"羊角"花园里人影重重，

有人窃窃私语。

啊！浮士德始终没有感到满足，

直到最后死在"理想的悲剧"中满足之时，

还以为自己是最后的胜出者。

其实他以为是他的人民正在进行改天换地的战斗，

殊不知只是魔鬼在挖掘灵魂坟墓的敲击声。

荷马说

浮士德的性格具有矛盾的双重性。

一方面，他不断追求知识与真理，

追求美善的事物，追求高远理想，

精神境界不断提升；

他本质的、主导性的一面

是自强不息、发奋进取、永不满足 ，

这就是"浮士德精神"。

但另一方面，他也贪图感性情惑和世俗欲望的满足，

对于希望，在拥有这一切满足的时候，

他没有光明，也没有黑暗。

感性、理性 ，

这两种力量是不对等的，

在这一时段，

如不能给他带来新的目标和方向，

如让其发现"自我"只是一个"理想的悲剧"，

那么他将失败，

在上帝与魔鬼梅菲斯特的赌约中，

天堂将会溃败。

所以，我们需要遣派新的"犹大"，

去接替浮士德，

进行新世界的创造和引领希望。

但丁说

沉沦和进取的双重引力在浮士德身上同时存在，

浮士德的一生是两种精神力量的矛盾斗争的过程，

魔鬼利用浮士德对尘世欲望

和情感诱惑的贪恋诱使他堕落，

然而浮士德发奋进取、自强不息的精神总能修正他的道

路。

虽然有角力，虽然有溃败，

但是一个浮士德倒下，

还是会出现新的浮士德精神。

正是在这种辩证发展之中，

浮士德的精神内涵日益深厚，

境界日益提升。

所以黎明，所以胜利，

早晚必然会出现。

可是我并不理解，新的"犹大"（浮士德），

为何总是执念于故乡耶路撒冷，

那里到底具有什么魔力？

属于调停型人格的莎士比亚说。

我的好友，你要知：

"上帝开创天地后，

是第一道阳光从耶路撒冷的锡安山射向了全世界，

同时至高神用耶路撒冷的泥土

创造了第一个人"亚当"，

上帝和希伯来先祖亚伯拉罕约定，

将包括耶路撒冷在内的"流蜜和奶"的迦南地许给希伯

来人，

其后裔在那里"永远为王"，

希伯来人则是一直侍奉上帝的子民"，

所以耶路撒冷永远是世界上所有具有信仰者的力量源泉。

无论如何，是整个天堂和地狱创造了浮士德，

而不是我用世俗的笔，世俗的眼创造了他。

人类啊！

应以浮士德精神追求为思索，

对其自身发展的经验进行总结，

更须对人性本质和人生意义进行了深入的探索，

了解人之存在意义，

以及与神灵的关系，

以求达到神灵的宝座之后，

在神灵的手掌缝隙安息。

歌德说

◦◦◦◦◦◦◦◦◦

第十五章　　弥赛亚的初生和回归的浮士德

耶路撒冷，我信仰你，

耶路撒冷，我的至神，

你是人类最终的精神家园，

我信仰你，必定在人类的不远处，

在人类的心灵深处，护佑万物。

神啊！请让我看到明天的太阳，

圣父，圣父，我无罪，无罪，

耶路撒冷，我的信仰之光，

请佑护你的子民。

加略人犹大内心低语

犹大跌回那土地，

风又起来了，

随着意思有来有往。

我，加略人，犹大，

帕帛敷面，躺在这血田，

身边散落着"二十九枚银币"。

° ° ° ° ° ° ° ° ° ° ° ° °

在耸高的天际，

巍峨的殿堂。

有神灵的声音低语：

真正的光明决不是永没在黑暗的时间内，

黑暗是暂时的。

痛苦人人必将经历，

没有在长夜痛哭过的人，

不足以谈论世界。

可是痛苦过不曾明亮的天色与寂寥，

那些都是人们所不得知的境遇。

所以没有经历过绝望、

悲伤与哀痛的人生，

不是真正的人生，

他也没有真正出生过。

只有经历过黑暗的人，

才能有望成为新的光明。

黑暗并不是指邪恶，

而是指生命的本质和真实。

那加略人，犹大，

请永远保持你心中的光，

因为你不知道，

谁会借着你的光走出黑暗；

请永远保持你的善良，

因为你不知道，

谁会借着你的善良走出绝望；

请永远保持你的信仰，

因为你不知道，

谁会借着你的信仰走出迷茫……

世界必定经汝之手，晓后世之荣耀，

拨世界之反正，留名于万古。

须知生命不是用来换取名利财富的，

而是尽情做自己，

做最发光的自己，

完成自己的意愿和思想。

生命不应该在沉默中腐朽，

应该在激情之中燃烧。

放下生死、在生死之间一切皆无所畏；

放下生死，你就有新生。

醒来吧！加略人，犹大，

新的人类弥赛亚，醒来。

天堂之巅上帝温和的说，

地底隐隐约约传来魔鬼愤怒的低语。

透过云层的缝隙，

一束光照在血田之地，

一阵微风吹过，

耶路撒冷静静的沐浴在圣光和微风中，

在圣光和微风下，

阳光明媚，

一朵野花静静绽放。

随着野花绽放，

两只蝴蝶绕着花香，

翩翩起舞，迎着阳光，

飞至轻灵，蓝色的天空深处。

在天堂的"羊角花园"，

有人窃窃私语，

继续进行着哲理的探讨和深思。

瞽眼盲杖，头戴橄榄冠的，

圣殿大骑士荷马说，

"上帝为什么不消除撒旦，

换句话说恶魔为何消灭不了？

既然上帝比魔鬼更强大、更有力，

那为什么上帝不把魔鬼

消除的干干净净免得作恶？"

撒旦是基督教中的邪恶存在，

曾经身为最高贵的天使之一和耶稣并立，

后来因为骄傲自大迷失了自我，

不断的挑衅自己的造物主，

妄图和上帝比肩，

结果受到上帝的驱逐。

从天堂中驱赶了出来，

在离开天堂的时候率领三分之一的天使反叛，

成为堕落天使的首领。

专门引诱人类犯罪以此为乐，

在不断的引诱和挑唆下，

最终引导人类离开伊甸园，

坠入物欲横流的大地，

永受罪与罚的诅咒。

圣殿大骑士但丁说

既然撒旦是邪恶的，

不断和上帝作对，

上帝又是无所不能的。

为何不彻底消灭撒旦这个魔鬼呢？

上帝为什么要创造撒旦？

它存在的意义是什么？

荷马继续追问？

这里存在一个"天堂悖论"，

即：上帝全能全善的设定是否合理？

因为如果上帝是全能的，

就能消灭邪恶不会允许撒旦存在，

但事实上撒旦又贯穿了整部上帝创世纪。

如果上帝是全善的，

那么就不会允许撒旦存在，

毕竟撒旦是全恶的代表。

因此原因应该是以下两点：

原因一：没有魔鬼，你信上帝吗？

在基督教的信仰中，

撒旦扮演着一个重要的角色，

他被视为人类道德信仰的试炼者，

试图让人们在面对诱惑和困难时坚定信仰，

获得神的庇护，

因此撒旦也被视为神的对手，

神的力量与信仰需要经过撒旦的考验，

才能得到证实。

原因二：上帝可以消灭撒旦吗？

可以，但是前提是须消灭人类，

因为撒旦来自人心，

但是消灭人类并不符合上帝全善的设定，

所以上帝只能退而求其次。

不消灭撒旦但设定救赎人心（人性）的道路，

救赎世人的同时，

实质意义上也是在拯救天堂"失落的撒旦"，

———曾经六翼双翅光之子。

这既是上帝全善的体现也是全能的体现，

因为有一条永恒救赎的道路，

永远向世人及神魔敞开。

但丁继续说

撒旦不是上帝创造的,

而是由堕落的天使自己反叛后变成的,

圣殿大骑士歌德说。

上帝创造它的时候,

是完美的天使,

由于完美,它开始骄傲、自负贪婪,

上帝是自有永有的造物主,

驱赶其到人间。

这一概念有助于理解上帝的良善,

因为上帝没有创造恶。

人子的行为选择是自由的,

但也需要受到道德和法律的约束。

上帝让撒旦存在,

是让人可以选择顺从真善美和跟从祂的公义,

还是悖逆往走撒旦错误的道路上直奔。

每个人的命运都是世人自己选择的结果,

而不是天生的。

Yi

如果从另一方面论证和解读的话,

圣殿大骑士莎士比亚说:

第一,上帝并没有消灭撒旦的能力。

不论是基督教还是犹太教，

一直都没有具体说过上帝的神迹，

只有在创世纪开头的时候说过，

上帝创造了一切。

那么我们可以理解，

上帝好像就是东方传说中的"天之道"，

他没有自己的意念，

只有维持天地运转的规则，

而撒旦只是其天地运转中的一个漏洞，

所以上帝虽然能创造，却不能毁灭，

因为灵体无法毁灭物质。

第二，撒旦是上帝故意创造出来的，

具有特殊的作用，

上帝是无所不能的，

他能创造万物，也能掌控万物，

而撒旦之所以被创造出来，

则是有他的用处。

例如：背叛上帝的事情，

我们可以理解成和基督耶稣的理念不合，

于是反叛出走天堂。

那么是不是上帝故意创造他出来，

用来制衡和比对耶稣基督的行为，

撒旦是不是相当于一面"镜子"的作用呢？

第三，撒旦并不存在，

而是人类的恶念所创造出来的。

撒旦在《圣经》中并没"不确的表现出来，

关于撒旦的说法，

只是人类试炼地狱的管理者，

并没有说明和上帝敌对。

由此可以得出，撒旦并不存在，

而是堕落人类的恶念所形成的。

人类消除了恶念，

回归了对神的信仰，

撒旦魔鬼自然会消失。

那么上帝和魔鬼的赌约，

预示了什么？

为什么要拣选浮士德作为具象的赌约，

从而促成了"浮士德的悲剧"产生？

荷马问

作为一个凡人，

任何人都有贴紧凡尘的欲望，

但精神的追求则"强要脱离尘世，

飞向崇高的至神的"天堂之境"。

一个是"肉体的翅膀"，

一个是"精神的翅膀"，

它们不易做伴，又互相矛盾。

一般上帝代表了"灵"的追求，

而魔鬼代表了"肉"的探索。

魔鬼之所以敢和上帝打赌，

是因为他确信，

人不可能摆脱尘世的欲望，

又因为双翅的不对等，

常常会导致人的堕落。

但上帝之所以敢和魔鬼打赌，

是因为他确信，

人永远有着高于尘世的精神追求，

孩子自然循光而回归家园。

因为双方都认为自己是唯一的赢家，

所以赌约才进行建立。

圣殿大骑士歌德说

一般认为，浮士德精神的基本内涵是：

"永不满足，永远进取，不断超越"，

满足就意味着死亡，

灵魂被魔鬼奴役，

魔鬼可以满足他的一切欲望，

唯一的条件就是他满足后，灵魂归魔鬼驱使。

浮士德作为具象真实的存在，

超越了作为一般启蒙主义者的地方。

在于浮士德对人的永恒追求的可能性提出了疑问，

就像在于表现出对人性本身的怀疑一样：

浮士德追求的，是永恒和无限，

然而人生是有限的，

以有限的人生追求无限的永恒，

显然是痴人做梦。

这是浮士德痛苦所在，

更是一切奋斗者痛苦的根源。

这里显现的是一种悲剧性的宿命，

是西西弗斯的永远无法到达的境遇。

圣殿大骑士莎士比亚说

浮士德经历的五个悲剧

代表了人类追求的各个方面：

知识、爱情、权力、财富、美、自由……

他永不停留，永远向前。

当一个目标实现后，

另一个新的目标马上出现。

每一次自我超越就意味着自我否定，

意味着新的超越的开始，

或者说新的痛苦的开始。

如果说，超越自我就意味着否定自我，

超越意味着痛苦，

那么我们还要追求干什么呢？

这个超越有没有终点极限呢？

有没有一个境界层面，

可以说出"我满足了"呢？

没有！因为当他说出这句话时，

他就会倒下，死去，

沦为魔鬼的仆从。

浮士德以自我的痛苦存在，

极为深刻地诠释出一个永恒的悖论：

浮士德精神的基本内涵是永不满足，

不满足就意味着痛苦，

那么永不满足不就成了永远痛苦？

进取的目的究竟是为了幸福呢？

还是痛苦呢？

或者竟然是，

痛苦就是一种享受？一种幸福？

圣殿大骑士但丁问

浮士德的经历表明，

人类总是给自己提出难以企及的高尚目标，

而每向这目标靠近一步，

人类都要以自己的错误甚至牺牲为代价；

这种庄严的悲剧性，

决定了人类进步的道路曲折而又漫长，

决定了人类必须一刻不停地努力向上。"

如果要说意义的话，

意义也许就在这个追求的过程本身吧！

浮士德追求一生，奋战一生，

最终扑倒，成就魔鬼与神灵赌约的宿命。

如果其终极宿命就是在天堂的话，

那么对于浮士德而言，

这种倒下应该是解脱。

可是我们并未知其浮士德的灵魂，

现归于何处。

啊！明知是"徒然"，

明知"你是什么，永远还是什么"，

仍然勇敢追求、自强不息，

这是高贵的悲剧，

这或许就是人之所以成为"宇宙之精华，

万物之灵长"的原因吧？

可是你我他皆非浮士德，

这一切谁又能知道并告诉我呢？

圣殿大骑士荷马说

诸位，当你用有趣的态度，

而不是"永不满足"的意愿，

对待生活里那些看似无趣的事情，

那么你会收获一份小小而确定的幸福，

从而觉得生活相对美好有趣。

须知生命不是用来换取名利的，

而是尽情做自己，完成自己内心的期望。

人生的有趣就是在风雨中奋进；

在坎坷中前行，

在挑战中竭尽全力；

在黑暗中信仰光明！

人生的本质只有经历，没有年纪！

年纪只是一个虚无的时间概念，

只是个生命符号，没有任何价值。

人生的本质意义是经历、体验、试错，

成功或者失败，都予以认可，

成功固然欣喜，失败也勿需气馁，

而不是失败后进行沉沦，不思进取，肚痛不已，

堕入暗域，沦为恶魔的侍从。

人类幸福的秘密在于，

找到一种比你自己更重要的事情，

并将生命奉献给它。

我愿用整个灵魂去爱，去爱这大地以及众人，

剩余的交给命运。

当我游历地狱之时，

魔鬼梅菲斯特曾说过：

"我所爱的却是永恒的空虚。"

从另一个角度洞穿了超越与满足这个永恒的悖论，

以及人在这个悖论之中的尴尬处境。

人啊！必须每天每日去争取生活与自由，

才配有自由与生活的享受！

所以在这里————

心脏这里需要不断产生希望，

使世间婴、少、壮、老都过着有趣、有为之年。

当然真正的自由具有相对性，

对于高灵体独立位格而言，

自由的实质是魂不受罪的辖制，

但对于普遍世俗群体而言，

自由只是肉体和意识的解放。

一切取决于灵魂救赎的抉择，

勿复多言。

未来，如果人类为真正的道德、信仰而努力，

那么人类的大部分问题将得到解决。

至那时，真正的神会降临，

来至大地，自由将会出现。

我愿看见世间人群熙来攘往，

自由的人民生活在自由的土地上！

我有生之年留下的痕迹，

将历千百万载而不致湮没无闻——

现在我怀着崇高幸福的预感，

享受这至高无上的瞬间，

这是智慧和永恒的最后结论。

啊！人性之恶，恶于地狱，

人性之善，善于天堂，

人性之和，中于世俗，

善恶一体，归于混沌。

当诸位执念讨论，

上帝为何不消灭魔鬼的时候，

骑士们，我谨此奉告各位：

这世界比信仰更高的执念，

是上帝的宽恕，

宽恕！别无其他！

这宽恕就像是紫罗兰将它的香气，

留在了那些踩踏它的脚上面，

而让整个世界余香袅袅。

我的主人，

圣殿大骑士约翰·沃尔夫冈·冯·歌德，

在此，约翰·格奥尔格·浮士德向你问好。

随着光影闪现，交错，

浮士德出现天堂，

手握银币，彬彬有礼。

众人俯瞰大地，

大地之时，惊蛰已至，

空明清净，寂然无声。

·······················

第十六章　　弥赛亚的思索与梦

圣父，我加略人，犹大，

我一直认为，

每个人生命里都有一个觉醒期，

但觉醒的早晚决定个人的命运。

人生就是这样一边拥有，一边放弃，

一边选择，一边失去。

圣父，从你所言，黑暗不是遮挡光明，

而是孕育新的光明，

在一群黑色的乌鸦里面，

我寻找不到一根白色的羽毛。

黑暗啊！你是何等的宁静，

平静的像死亡一样，

而就在这种死一样的黑暗中，

黎明正在升腾。

我清楚地感知启明星，

冉冉升起。

我的眼睑感受到光明，

脸庞感受到了意思的风吹来吹去，

我的心也开始有力地跳动，

待到红日从地平线上露出，

群鸟飞至空中，

我便会大步走进梦寐之城，

回归梦中的耶路撒冷。

"别回头，谁都不是原来的样子，

比起从前，我更喜欢现在的自己，

虽然多了岁月的痕迹，

但放下了心中的执念与得失………"

头痛啊！头痛，

我父，我爱你，爱你。

…………………．

我想建立一个世界，

人类的存在是因为精神的存在，

而人类的精神在于自由，

而不是在于统治。

无论我们小时候看什么样的童话故事或者电影，

所有的故事结局都是：

"从此以后，

王子和公主过着幸福快乐的生活"为结束。

但是我从来没有见过

王子和公主是如何治理国家的，

或者以前的老国王是如何治理国家的。

其实每一个小孩内心都有一个救世情节，

无论我们小时候看什么样的动画片，

当邪恶遍布我们的地球时，

当我们的英雄或者超人出现时，

当邪恶的怪兽击倒我们的英雄时，

估计每一个小孩都会摩拳擦掌去梦想拯救这个世界。

这就像我们小时候用沙子盖一座城堡一样，

我们每个人都是这个世界的一份子，

缺一不可。

当我们长大后，

有的人丢失了自己少年时期的梦想，

有的人却还保留着，

或者我们还没有长大吧，

我们的世界梦想或许在小时候我们

所经历过的一朵小小的蓓蕾中，

就已经生根发芽了。

今天我们邪恶的怪兽并没有出现，

可是却出现了比怪兽更危险的人类，

我们应该怎么办？

或许真正的成长是改变这个世界，

而不是适应这个世界。

当世人把眼光停留在那些

缠绵悱恻的爱情故事中去的时候，

而我却把更多的目光投放到那老国王身上，

以及汉谟拉比法典之上。

在这个世界上每一个人都有自己的梦想，

就是一只狗也有自己的梦想，

它会梦想明天自己可以拥有更多的肉骨头。

而我的梦想是什么？？

我的梦想是建立一个世界，

建立一个人人都可以自由生活，

没有恐惧战争、杀戮、伤害的世界，

孩子们可以快乐生活的世界。

在我的世界也有白天和黑夜，

也有人性不完美的事物，

但是我尽可能在我的世界中，

让人性美好的一面在这里呈现，

我的理想是让世人都成为世界之王。

是的，我想让这个世界上所有的人生活的更好，更有尊严。

政治是一切学科之母，

只要我能驯服权力，

控制意识形态之后。

我可以自己统治自己，

不需要别人来统治我，

因为我就是自己的国王。

假如我不伤害他人，

我遵循法律，

我遵守社会准则，

那么为什么我要让他人来统治我。

人性中固有的先天的称之为第一本能，

而由律法社会秩序形成的后天本能，

称之为第二本能。

在这个世界上人性应该是一样的，

相同的，共同的，

只有人性才是人类唯一的意识形态，

所以我不喜欢别人控制我的思想和思维，

宁可做一条自由的狗，

也不愿做一个没有自由的人。

我唯一崇拜的是人性，

因为人性是人的根本属性。

当然仅仅人性是靠不住的，

不切实际而且是有害的，

所以人类社会才需要建立起一套规则，

对人性的恶进行有效的制约或约束，

这一套规则在社会层面上叫做法律和道德，

在政治层面上叫做制度。

除此之外还远远不够，

我们还缺少神灵精神层面上的东西——信仰，

当人性之光远远的凝视神灵眼眸，

那时精神信仰、政治制度和法律架构，

以及伟大的人性气息，

才构成了完备的人类文明的基石。

我需要世人明白一件事，

那就是：你是谁？？

你们只要明白了你是谁，

或许有一天你们就会从自己的巢穴中醒过来，

去爬向外面的世界。

我们每一个人都生活在自己的世界里，

或者蚂蚁窝里，

从来不看外面的世界。

也许我们的世界在沉沦，

在沉沦的大环境里，

你我都会觉得很无力，很无奈；

也许这个世界很不完美，

在污秽的环境里，

你我都会觉得很压抑，很迷茫；

但再压抑再迷茫，

个人总要找到自己的世界，

总要把生命一步一步地走完。

不论这个世界多么嘈杂，

我们的内心总要有一种呼唤，

呼唤一个洁净的世界。

不论这个世界多么堕落，

我们的内心总要有一种力量，

引导我们去创造一个更洁净的世界。

人生下来，都是要往前走的，

往前寻找，一步一步追寻，

可是那个洁净的世界又在哪里呢？

有时候，我一直都认为，

地上的人和天上的星星，

一定存在着某种联系，

一个人代表一个星星，

而一个星星代表一个人。

人类群星闪耀，

我想知道到底那一颗星星是属于自己的，

它是否黯淡无光，

湮没在群星里，

如何才能让属于自己的那一颗星星，

彰显出光彩？？

我认为在这个世界上不会有任何人懂我的思想，

因为世人不是我啊，不是我！

而我懂世人的思想，

因为我也是世人中的一个。

假如我们不能改变这个世界，

那么这个世界就会改变我们。

我们空虚、无聊、寂寞、难受，

找不到行走的目标和方向，

我努力寻求光明和那一丝丝光线，

像趴在玻璃镜上苍蝇，

看到光明，却不知如何如何穿过。

我嗡嗡飞着，慢慢的老去，

我们每个人都将面对死亡，

或早或晚。

当有一天死神来到我们身边，

捕获我们的生命时，

我们应该对死神说一些什么呢？？

哭着流泪哀求吗？

像一条狗一样被拖走吗？

或许我们可以这样对死神说：

我这一生为弱者的不幸呐喊，

我这一生为弱者的不公而落泪，

我这一生为弱者的境遇而抗争，

我这一生去唤醒那些沉睡的人，

我这一生为建立一个站立的"人"而努力，

而流血，甚至付出我的生命。

我这一生为了建立统治者的囚笼而努力；

我这一生为了免除人们的恐惧而努力；

我这一生为了实现人们的自由而努力；

我这一生为了捍卫人类的生命而努力。

我这一生让世人免于恐惧的危险，

免于被统治的危险，

我给每个人自由的权力。

我将为世人建立了一个新的世界，

一个新的信仰，

我认为，人应该死在自己的信仰星光、星辉中，

而不是死于专制、独裁、恐惧，

这个世间，

只有永不停息的时间才能带走我们的生命，

而不是其他。

来吧，死神，捕获我的生命，

把我带入群星闪耀的星空。

当我在大地至深黑暗处，

那么走向何处都是光明。

生命应该是有光的，

在我熄灭之前，

我希望我可以微弱的照亮世界的一角。

当夜晚我凝视星空，人类群星闪耀时，

我希望我可以做其中最闪亮的那一颗，

我这一生愿意做，努力做，

人类群星闪耀星空中最亮的那一颗星，

而无怨无悔。

我梦想在这里创造一个新世界，

挥洒我的无尽想象，

让这里充满生机，充满人性，

我们需要创造一个新的世界。

庄周梦蝶，我是这个世界，

还是这个世界就是我。

人一定要长大吗？

更多时候我们所谓的长大，

无非指为了挣得衣食住行而适应这个世界。

但长大不该是泯灭童心、

放弃爱好、违心的过活一生，

不该因背负了别人的期望而像行尸走肉一样活着。

所以最幸运是不用长大，

最痛苦的是不得不长大。

我们一生要遇到那么多的人和那么多的世界，

谁也不知道当年的那个世界、那个人，

在那个懵懂少年的心里掀起多大的波澜。

我感觉人类是一个具有意识力的动物，

所以我们有时候喜欢思考，

有时候喜欢展望未来，

生命起源衍生在水里或者是"液体"里，

神让人类从古猿进化成人，

又从树上跳到陆地，

我们所走的每一步都在人类进化史中，

留下不朽的足印和印记。

我们从远古中走来，

从蛮荒中走来，

我们在陆地留下留下每一个足印，

但是我们的足印将通向哪里？？

我们的世界要继续走向何方？？

前方的路是否是未知？？

而未来的人类世界会是什么模样？？

我喜欢下雨的时候，

趴在窗前看那雨一滴一滴的打在玻璃上，

然后慢慢的雨"丝"汇聚在一起，

形成雨"点"，

当更多的雨点融合在一起，

它们就会在玻璃上滑过形成雨"流"，

欢快的汇聚到下水管道里，

然后流到院子里，

通过院子的下水道，

形成雨"柱"，

最后奔向更广阔的未来。

今天的人类世界我们同样的像那雨点一样，

经过"丝"、"点"、"滴"、

"流"、"柱"的过程，

最后我们的世界也将奔向更广阔的未来。

我们的世界最后一定会在一起，汇聚起来，

形成一个统一的雨"点"，

未来的人类世界也必定会

形成一个"大而一同"的世界，

即我认为在不久的未来人类社会

会迎来一个世界大一统的"雨点"轨迹中。

这种大一统不是指

那种地域、地理、领土、疆域的统一，

而是指人类人性世界意识形态的大一统。

未来的人类世界将会有一个大而统一政治机制，

它具有司法独立、行政独立、

立法独立的政治属性，

具有军队"国家"化，舆论监督特点。

这个国家实现三权分立有一个总统，

分管人权、自由、民主、

人文教育认知、人文居住环境，

以及相关紧急军事授权权限等等；

这个国家有一个议长，

分管系统内各种人事组织系统，

具有选举权限、立法权限、质询和弹劾权限；

这个国家有一个律法委员会和独立法院，

主管拥有最终的司法律法裁定权；

这个国家总统之下再进行三权分立，

这个国家有三个总理，

分别独立分管行政、经济、军事。

一权为政理会总理，职责为主管政治行政；

一权为经理会总理，职责为主管经济行政；

一权为军理会总理，职责为军事协调操作；

总统不干预总理的职权操作，

总理只对总统及议长负责。

这是一种三权之下的

次三权分立内部的分权制衡机制，

所以我们不必担心这个国家会变成独裁，

因为国家宪法在主导着内部的分权和制衡。

在外部之外有一个人民的喇叭，

而不是权力者的喇叭——

社会独立舆论新闻司，

以通过大众的"目的眩晕性"

来监督政治权力者的权限；

还有一个独立国际工会，

以通过大众的"行为的眩晕性"来推翻政治权力者的权

限。

在这个国家宪法之中，

国家的章程之中必须写明：

"公民具有言论自由，言论聚焦的自由；

公民具有抗议、游行、推翻暴政的自由；

公民具有从合法程序，

合法权限（工会）拥有武器的自由"。

在公民的教育体系之内，

任何权力者都不能以自己集团

或者政党的意识形态介入教育体系，

给人们洗脑。

要注重把人们培养为对权力者的监督者，

而不是服从者，

教育的目的就是为了打造不屈的灵魂和尊重生命。

这个国家的教育实行公民公知教育，

每一个孩子都是一个个体"国家"，

他们尊重生命质疑权力，

所以每一个孩子的个人身份证或者卡片上都写有：

"我尊重他人的生命胜于尊重自己的生命；

我天生质疑权力者的权力，绝不后退一步；

我是一个国家，没有任何人的意识可以强加于我的意识

之上，

因为我是一个国家，我的名字叫 xxx 国"。

在这个大而统一的政治机制之外，

我们根据当前现行国家进行区域联盟或联邦机制，

分亚洲区、欧洲区、北美洲区、

南美洲区、非洲区。

在板块区域内实行联邦或联盟政治机制，

加强区域内的政治、经济、

军事（有限军事）的联系。

经济方面各个区域内实行"区域货币"，

即区域内每个国家只拿出一个货币面值，
组成区域货币。
加强对货币量化的控制管理和监督，
通过货币控制稳定区域内的经济物价稳定；
另外区域货币有利于减少
区域国之间的军事战争争端，
因为在区域国内引发战争和暴乱，
将会让自己的货币贬值，物价膨胀。
政治方面各个区域国之间
加强沟通、交流、对话、合作等等。
军事方面各个区域国组建联合军事，协同维护区域内国
家安全。

假如我用 100 万字，500 万字
或者 1000 万字来阐述我的梦想，
我的世界观、价值观、意识观，
世人才能明白我的思想的话，
那么说明我们之间还有隔阂，
还有意识差别和人性差异，
这说明我们的世界还是无法统一，
至少在意识上我们还是分裂的。

假如将来有一天我站在世人面前，

不说一个字，

但是世人却能一眼就能看透我的世界观、价值观，

那么说明我们是"统一"的，

因为我在世人面前是"通透"的，

而世人在我面前也是通透的，

我不需要利用一百万字、五百万字，

或者一千万字来证明我的意识形态，

我和世人就像是"一个人在照镜子"，

不需要再利用外界的手段来证明我的意识存在，

那么我们的内核意识是相同的。

假如我和世人的意识形态相同，

那么我可以一个字都不必说。

世人明白我的意识，我也明白世人的意识，

那么我们彼此就不需要利用意识形态来设防。

假如世人知道我心怀雏菊，

不会伤害、残害任何有生命的意识形态；

假如每一个世人都知道站起来去监督权力者，

那么权力者就无法作恶；

假如世人知道利用孔雀的羽毛，

不是利用战争来解决争端，

那么我们的世界会安静许多；

假如每一个世人都知道

遵循各种政治规则和社会规则游戏，

那么我们就处于

一个有序、有保障的社会环境中。。。。

假如我们的世界纯净的像一滴水一样，

那么天堂是否已经建立？？？

假如我站在这里，

世人能一眼看透我内心的意识，

而我也能一眼看到世人的内心意识，

那么我们的世界将会迎来一个新的时代，

一个众人时代，

也是一个众神时代。

很显然尼采的超人、末人理论是谬误的，

尼采的理论是建立在一种弱肉强食的动物法则中，

人类的人性法则没有得到彰显，

他强调的是强者对弱者的无限"统治"，

而不在于"平等自治"，

众神时代的众人则是要寻求建立一个人人平等，

人人可以高度自我管理、自我控制，

可以凸显人性法则的社会。

我只希望我的思想可以对未来我的世界，

我们的世界，

我们孩子的世界提供一些有益的思考，

或许今天的世人并不懂我，

但是我希望明天的世人可以思索一下我的意识。

世人中有几个人懂我的思想呢？

是你，还是他，或许是别人。

我们生活在这个世界上，

要不想这个世界改变我们，

我们就必须改变这个世界。

有人说改变这个世界很难，

是的，很难，

因为人类的意识很难改变和统一，

基督、默罕默德、佛陀都无法统一我们的世界。

但是假如我们在一个孩子的初期，

就注入启蒙相同的人性统一意识的话，

进行全球善良教育，生命教育，人性教育，

而不是某个独裁者或者某个魔鬼的意识形态，

那么将来我们的这些孩子注定要走在一起。

如果把全人类的道德观和价值观

通过教育意识形态的灌输，

提升到一个相同位置上，

那么我们的世界就有可能统一。

思想的统一，价值的统一，

会让所有的人走到一条路上来，

所以众人的呼声和意念，

是达成目标的首要前提。

我们如何让众人的目标和意念形成一致性，

通过滋生意识形态和呼声的器皿——教育的灌输，

让众人的目标形成一致，

那么我们就可以建城了。

通过思想意识力量的传承，

那么随着人类新陈代谢自然生息的运作，

将来这些孩子一定可以"统一"我们的世界，

或者说这些孩子将会促使那些权力者"统一"我们的世界，

因为众人的呼声在此，

众人的意识在此，

众人的"统一"在此，

无论是那些基督徒或者反基督者，

无论是那些穆斯林以及伊斯兰教徒，

无论是佛陀，

还是那些生活在世俗王权、神权之下的人们，

我将为你们建立一个"统一"的世界和意识，

欢迎你们光临我的世界。

在当前世界没有任何人有我的理想伟大，

就是从古代到今天，

我的梦想依旧伟大。

在古代帝王们热衷于

用铁与血征服这个世界的时候，

但是他们的帝国都纷纷消融于历史长河中，

不露一丝痕迹。

我信奉佛教的人是苦的，是空的，

我信奉基督教的人是发光的，

我信奉伊斯兰教的人是规则的。

人是苦的，所以我们需要救助他人，

人是空的，空虚的，弱小的，孤单的，

所以我们需要信仰。

人是发光的，或许我们无法理解，

意思是人类的光是通过眼神的明亮，

心灵的纯洁，行为的善意，散发出来的，

也只有善良的人才能会发光，

所以人需要善良。

人类要讲规则，

不管是签在羊纸皮上的规则，

还是签在心灵上的规则，

都要遵守，

动物的秩序性和人的秩序性同样重要，

规则，法律都是衍生秩序的。

我梦想依靠思想，

依靠凯撒的、神性的、人性的思想来统一这个世界，

而不是依靠铁与血。

我这一生真的很想改变这个世界，

我真的想说，

我亲爱的世界以及这个世界的每一个人，

请相信我，我一定会改变这一切，

让你们高贵为人，尊严为人，自由为人。

我不会让任何人死于不公，

死于黑暗，死于恐惧，死于非命。

我会让所有的人自由，自由呼吸，

自由生活，自由活着。

愿我们能陪着爱的人，

做喜欢的事，不忘初心，

生活的像个孩子。

或许我的梦想或许及其幼稚可笑，

我就是希望达成全世界人类的和解和世界和平，

我想建立众人之城，我崇拜人性，

我想建立一个自由平等的世界。

当我们把全世界所有的权力者关进牢笼时，

当我们的孩子背着自己的行囊，

走遍这个世界的时候，

我希望每一个权力者见到他们，

都会微微的鞠躬致意。

当我们的孩子兴高采烈的，

把这个世界的趣闻告诉我

这个经常路迷衰老无趣的老人时，

我会微微笑着，目醉神驰，

我轻叹着，心里微微沉醉，

这是我的世界啊！我的世界。

"弥赛亚，弥赛亚"，

我已经完成这嘱托，

在我灵魂脱离这凡尘，

去往神灵应许之地之时，

我抬头仰望这天空，

天空，很白，很蓝，

有一丝的微风，诱人心脾。

"我会为你们争取权力，

争取做人的权利，

争取与人相关的天赋权力，

和你们的血肉，灵魂，信仰相关的权利。

为全世界被忽视的，被忽略的，

被压迫人的权利，

为全世界那些跪在黑暗中，恐惧的无助的，

悲惨的悲伤的，

痛苦的痛哭的人争取权力，做人的权利。

我会让你们站起来，

而且是堂堂正正的站起来，

站在阳光下享受自由的权利。

人既然叫做人，

既然被称之为人，

人既然作为一个合法的存在，

进化的合法存在，

作为一个人，就必须拥有，

也一定要拥有最基本的相关的人的权利，

任何外部的意识形态都无权剥夺，

人一定要自由的存在，

不是为了别人，而是为了自己，

因为人是人，人叫做人。

各位啊！请把这个世界交给"我"来治理，

把这个世界的痛苦，苦难，悲伤，眼泪，

统统交付予我，

我来承担，承受人间的这一切。

我会将光明、民主、自由，带至这个世界，

将蓝天、白云、绿草，带至这个世界，

将人性、人心、良知、呼唤，带至这个世界，

我发誓我会让这个世界所有的人拥有梦想，

不会让任何人后悔来到人间，

我不愿这人间变成苦城，变成罪域，

我啊我！

惟愿众生生活在我的手掌（世界），

不离不弃。

我发誓，

每一个人的生命都值得尊重，

每一个人的灵魂都需要自由，

这个世界经我的手，

经我的血，经我的肉，

我将建立"感性的天堂"，

而非其他。

如果说我治理不好这个世界，

建立不了人类的人间天堂。

人类啊！我亲爱的人们！

如果某一日因我的缘故，

把这个世界带向毁灭，

带向灭亡，带向黑暗，

带向沉沦，带向混沌，

活着的人啊！

请集聚来此，请来此我的坟前，

把我的尸体从坟墓里拖出来，

挫骨扬灰。

至那时凯撒会惩罚我的尘灰肉体，

而神灵会诅咒我的灵魂，

永生永世。

"人不应从王中来，从神中来，

而应从人中、从肉中来"

这是我在天堂之巅，

我师，耶稣，

在我耳边低语所述之——

天堂救赎、耶稣计划。

我加略人犹大，曾经梦想拥有过，

我加略人犹大，这是我的梦想。

这是当我逆转千年，穿破时空，

对千年之后的世间万象、万国的愿景描述。

我将以上文字记述在耶路撒冷以东，

特伦山谷之后丘陵的一个洞穴内，

那里遍植着橄榄树，

又被称之为橄榄山。

在特伦山丘下的客西马尼花园，

那里是基督耶稣被我出卖后，

在此地度过的他最后一夜的地方。

在静谧的小庭园内，

我记得周围遍植名叫"记忆"的迷迭香。

而山丘上有升天教堂，

遗留着基督耶稣升天时的裸足足印。

同时也是圣子基督耶稣教导我们祷告的地方，

教堂名为"我们的天父"。

在海拔 814 米的山丘上，

可以遥望耶路撒冷的景象，

———我的故乡。

·············

第十七章　　抉择

我加略人犹大，

出生于无知，行走于迷茫，

年轻的时候非常惧怕死亡，

怕死，怕疼，怕流血，极度怕死。

当我步入中年的时候，

我又感觉到生命是一种无所谓的东西，

我总是感觉到自己的生命生不如死，

我的一生并不自由，

只感觉压抑，无聊，无趣，

我的人生河流无论走那一步，

都是错，都觉得毫无意义，

我，并未感觉到活着的乐趣。

我想当我年老的时候，

我一定会欣然接受死亡，

而且迫不及待。

我始终相信这个世界是向往自由的，

自由不应该是他人的馈赠，

而是上帝和自然的法则赋予我们的权利。

所以我也始终相信，

这个世界是有天然的报应机制。

你向往文明，创造文明，

你就会得到文明。

你崇拜野蛮，制造野蛮，

最后你只能得到一片黑夜荒凉。

事实上，现在世界的进程和发展，

已经证明了这样的事实，

文明和野蛮，先进和落后，

肉眼都能看得清清楚楚。

我们谴责黑暗，是因为我们渴望光明，

我们厌恶野蛮，是因为我们追求文明，

我们拒绝被愚弄，

是因为我们知道

明辨是非是做为一个人最基本的底线。

我们呼唤正义，公平，良知，平等……

是因为这是人类和兽类的区别！

我们一路奋战，并不是为了改变世界，

而是为了不让世界改变我。

须知这是我们的世界，

更是未来我们孩子的世界，

全人类的世界！

我奉劝那些隐藏在黑暗世界的魔鬼们，

还是给这个世界，

给这个世界留下一些种子，

给我们的孩子，我们的未来，

我们的生命，我们灿烂的生命，

以及我们的灵魂，

留下一些东西，

当然也包括你们的孩子和灵魂。

那些世界黑暗独裁者们，

我请求你们给这个世界留下一些种子，

留下一些生命的种子。

人类生而为人，何罪之有！

为何一定要用魔鬼的手段和意识，

禁锢人类？统治人间？

是否只为保障你们利欲熏心的权力地位，

以及卑鄙无耻的混沌野心？

看夕阳西下，晚霞满天，

漆黑的夜永远不会持久笼罩大地，

为何不反思黎明或迟或早必定降临，

神之审判转瞬即至,

魔鬼的手指缝隙啊!

也必将带不走任何东西。

那魔鬼啊!你们生前死后,

必将被唾骂,捶打,诅咒,

肉体成灰,灵魂湮灭,

在这人间不留一丝痕迹。

须知这历史将由真正的人抒写,

有神灵记录。

请你们放手,

我请求你们放手。

众人啊!

人类生活的目的,生存的意义到底是什么呢?

人类生活的目的是为了享受生活,

而不是让生活折磨我们。

我们生活的目的是为了民主的生活,

自由的存在,

我们生存的意义指的是努力进取,奋发向上,

达到人与宇宙的天人合一的目的。

"天"指的是我们的宇宙,

我们的星空，我们的道德，

我们内心最高的那个神灵。

我们力争和自己最挚爱的生命，

我们的灵魂和我们最挚爱的生命在一起，

因为是祂创造了我们，创建了世界，

因为是祂创造了我们的最爱，我们的亲朋，

我们的好友，我们的父亲，

母亲和我们的伴侣及孩子，

所以我们的灵魂归神灵所有，

我们这一代，所有人的这一代，

我们都要理中寻找到自己内心最挚爱的那个神灵，

我们，我们的灵魂归神灵所有，

直到永远。

人类生而为人，有太多的无奈，

人生这道选择题怎么选都会有遗憾，

我也是进退两难，

生活在这个时代，

就须承担一下这个时代的责任而已。

可是谁能听我诉说这个世界呢？

诉说这个世界的一颦一笑，

一言一行，一风一景？

我有那么多的话，那么多的话想给这个世界倾诉，

诉说我对这个世界的爱，

以及对所有人类的期望。

生而为人，我很抱歉，

我一直梦想着改变这个世界。

我这一生很压抑，很无聊，很无助，也很无趣，

如果人类可以，按照我的意识进行"走那路"，

未来可以走近我的"梦行之地"。

如果我的运气够好的话，

30 年 40 年或者 50 年，

我将看到一个崭新的新世界。

如果我的运气不好的话，

我可能会死在这个旧世界。

人类啊，人类啊，请让我看到，

看到光明的世界都是我，

而不是让我死在黑暗之中。

不要问我是魔鬼，还是天使，

我愿做人间之王，

人间尘土之王，腐朽之王，

或者，我的命运，取决于这个世界，

和它的人们。

我并不愿意在这个世界上像行尸，

像走肉一样默默无闻。

我希望我在三十年，或者四十年后，

会有以后的人记得我的思想，

也期望他们会记得我的名姓。

人生百年，白驹过隙，

留此名姓，以铭后人。

当我阐述以上文字的时候，

我并不知道我的命运会如何，

这个世界又会如何的定义于我，

定义我这个出卖基督的叛徒，

加略人，犹大。

那些远来的，那些近行的，

人们啊！

我在青年时期，

就发下世界大同之宏愿，

立志改天破地，

满怀希望，世界留名，

沿光与线的路径，普世救人，

做通透发光之人。

我满怀希望祈祷，

我是多么的想，多么的想，

想和这个世界上所有人的说说心里的话，

让这个世界倾听我的声音，

了解我的思想。

我一次一次的在黑暗之中，心存渴望，

这地域黑的像地狱一样，

喘息，呐喊，嘶叫，悲鸣，

妄想凡世之人，将我唤醒，

助我脱逃这地狱血湖。

我欲秉承路西法之责，

创建共济之会，

举光明之旗，引导亿兆万民，

走世界一统之路，

享万世遂安，宁静致和。

我曾经满心期待，

但结果一次又一次失望透顶。

一千年，又一千年，

我就像被所罗门封印在铜瓶之中的魔鬼，

愤怒莫名。

在这个世界上，

没有人在乎伟大的思想，

天上的繁星和星辉，

以及那自卑的灵魂。

人类呀，人类生活中一个罪恶的时代，

而不自知，而沾沾自喜以为在欢喜的虚幻天堂。

世间所有的人，

在乎的是物质、利益、欲望和魔狱，

理性，天堂，信仰也消耗殆尽。

当然在地狱与天堂的夹缝之处，

阴暗的角落，

还残存一丝人性，

可是我已经毫不在乎。

我曾经那么卑微的请求你们，

请求你们让我来治理这个世界，

可是你们并不在乎。

天堂的溃败和地狱的坍塌，

当然需要这一丝人性来陪葬，

谁会在乎呢？

在时间的尽头，

我孤独，彷徨，无助，

我发誓谁如果将我拯救，

把我从黑暗中唤醒，

释放出我的灵魂，

我将呼唤混沌，

毁灭这个世界，

进行无穷无尽的报复，

惟愿世界毁灭、安息，

我发誓，我一定会这样做。

因为我将成为新的，

阿道夫魔鬼，毁灭世界。

··················

这是我在地狱九十九天之所，

魔鬼梅菲斯特在我昏迷之前，

在我耳边所描述之——

混沌愿景、魔鬼计划，

这也是我的另一重启示，

我加略人，犹大

··················

我是感性的魔鬼，

总归我们要趋于理性，

我并未觉得，

生而为人，有任何意义。

我们不过是宇宙里的尘埃、

时间长河里的水滴，

神灵创造我们，

创造了这个宇宙，星空以及大地，

让所有的生命，至今生生不息，

自然我们终其一生也或迟或早归属于祂。

我这一生啊！

我深知遇到的所有的人，

都在成就我，成全我，

无论是天使还是魔鬼，

都无一例外正在成就我的成长，

让我成为这个世界上最亮的那一颗星星。

我生则为世界而生，

我亡为众人而亡。

我，弥赛亚，加略人，犹大，

立此记录，立此启示录，

犹大自言自语，呢哝的说。

www.ingramcontent.com/pod-product-compliance
Lightning Source LLC
Chambersburg PA
CBHW070906120626
46546CB00001B/160